KREATIV PROGRAMMIEREN MIT
RASPBERRY PI

KREATIV PROGRAMMIEREN MIT
RASPBERRY PI

Einfache Anleitungen
für Roboter, Kameras, Spiele,
Mini-Laptop und mehr

KIRSTEN KEARNEY & WILL FREEMAN

DK | Penguin Random House

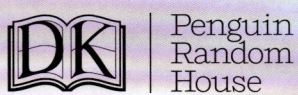

Lektorat Chris Gatcum, Caroline Elliker, Emma Bastow, Mark Searle
Gestaltung und Bildredaktion Leonora Chan, Tom Watson, Ginny Zeal, Dario Merlo
Umschlaggestaltung Marc Hudson

Für die deutsche Ausgabe:
Programmleitung Monika Schlitzer
Projektbetreuung Christian Noß
Herstellungsleitung Dorothee Whittaker
Herstellungskoordination Arnika Marx
Herstellung Claudia Bürgers

Titel der englischen Originalausgabe:
Creative Projects with Raspberry Pi

Übersetzung Simone Heller
Lektorat Sandra Noa

ISBN 978-3-8310-3524-3

Druck und Bindung C&C Offset Printing, China

Besuchen Sie uns im Internet
www.dorlingkindersley.de

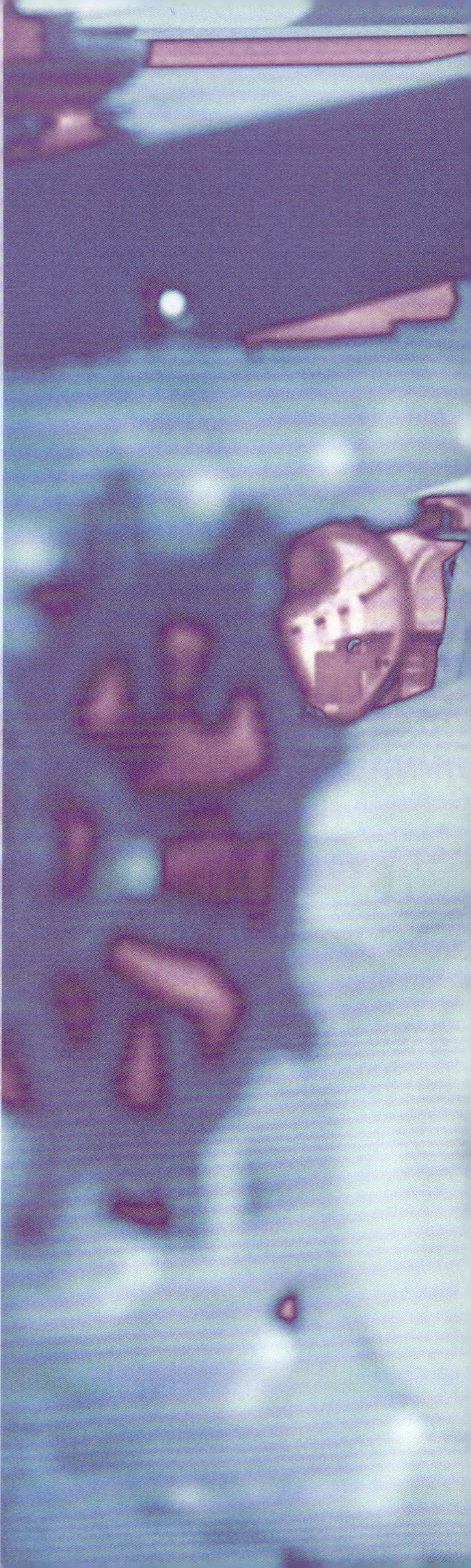

Inhalt

VORWORT   6

EINLEITUNG   8

PI-PROJEKTE   10

1 DIE GRUND-PIDEE   14
Ein erster Einstieg in den Raspberry Pi

2 ROBOTER-PI   48
Konstruiere Raspbots und Piborgs

3 GAME-PI   74
Baue eigene Spielkonsolen

4 EXPERIMENTAL-PI   104
Trage zur Wissenschaft bei

5 HEIM-PI   134
Smarte Geräte für Zuhause

6 KUNST-PI   182
Wo Wissenschaft auf Kunst trifft

Verzeichnis der Mitwirkenden   218
Bildnachweis   219
Glossar   220
Register   222
Über die Autoren & Dank   224

Vorwort

Es ist fantastisch, die ganzen Projekte zu sehen, die ins Leben gerufen wurden, seit der erste Raspberry Pi herauskam. Mich erinnert es an den Kreativgeist der 1980er-Jahre, als Computer oft noch keine Schrauben im Deckel hatten (wenn überhaupt ein Deckel darüber war), wohingegen häufig Drähte, Bandkabel oder schlecht verlötete Streifenrasterplatinen hervorlugten. Es herrschte ein Drang zum Experimentieren: Dinge ließen sich modifizieren und verbessern, um spezielle oder ungewöhnliche Aufgaben zu erledigen, die der ursprüngliche Computer nicht geschafft hätte (oder zumindest nicht so schnell). Der Schlüssel für diese Geisteshaltung war eine gewisse »Vertrautheit« – man verstand, wie Computer funktionierten.

Für mich begann die Geschichte des Raspberry Pi etwa 2003, als mir auffiel, dass die Anzahl an Hochschulabsolventen unter den Bewerbern bei Frontier Developments plc. (wo ich als »Brotjob« CEO bin) stark zurückging. Es stand letztlich für ein größeres Problem, besonders an Unis, die Informatik-Kurse anboten, bei denen die Studentenzahlen enorm nachließen. Die große Frage lautete: »Warum?«

Bei Frontier entwickelten wir Spiele mit Sony, Aardman Animations sowie Atari und bei Testumfragen wollten wir immer wissen: »Was war euer langweiligstes Schulfach?« Erschreckenderweise war die häufigste Antwort »ICT« (Informations- und Kommunikationstechnik), ein damals neues Fach an britischen Schulen, das die Informatik ersetzt hatte. Während zur Informatik Roboter, Löten und all die anderen tollen Sachen gehörten, die ihr in diesem Buch finden werdet, ging es bei ICT hauptsächlich um nicht-technische Wissensvermittlung und Bürofertigkeiten, was als todlangweilig galt.

< 6 >

Sobald das Problem ausgemacht war, erforderte seine Lösung die Suche nach einer Möglichkeit, Leuten Informatik nahezubringen. Raspberry Pi wurde von sechs Leuten gegründet, die von der Cambridge University und aus der Industrie kamen. Wir alle gingen das Problem unterschiedlich an, hatten aber ein gemeinsames Ziel. Heute haben wir über 12,5 Millionen Raspberry Pis verkauft (zum Zeitpunkt der Entstehung dieses Textes), Informatik ist zurück an den britischen Schulen und Programmieren ist wieder angesagt.

Es ist großartig, die Gesichter all der Kinder und Erwachsenen zu sehen, die etwas selbst gebaut haben. Es gab viele geniale Projekte: von einer einzelnen, blinkenden LED bis hin zu einem Programm, das auf der Internationalen Raumstation ISS lief. Das Selbstvertrauen, das diese Projekte Einzelnen (oder mehreren in einem Club) vermitteln, macht richtig Laune: Technikängste gehen zurück und werden durch den Ehrgeiz ersetzt, etwas noch Besseres zu bauen.

Blättert man dieses Buch durch, sieht man die unfassbaren Dinge, die mit einem Raspberry Pi umgesetzt wurden. Ich hoffe, ihr seid inspiriert, selbst etwas genauso Großartiges anzufangen!

David Braben
Mitbegründer der Raspberry Pi Foundation
CEO von Frontier Developments

< 7 >

Einleitung

In der Moderne nutzen wir Technologien, um die Welt um uns herum zu verstehen und uns mit ihr zu verbinden: Computer, smarte Geräte und vieles mehr. Obwohl wir wissen, wie wir die Welt durch Technik vereinfachen, wissen die meisten von uns nicht, wie man diese Gegenstände herstellt oder die Programme schreibt, die sie steuern. In anderen Worten: Wenn es um Technik geht, können wir alle »lesen«, aber nicht alle können »schreiben«.

Raspberry Pi hat das verändert. Dieser kleine Computer ist billig, flexibel und leicht zu bekommen. Außerdem wird er von einer weltweiten Community unterstützt, die ihre Ideen und Erfahrungen leidenschaftlich gern teilt. Für Kinder und Erwachsene ist es die ideale Plattform, um mehr über Elektronik, Technik und Informatik zu lernen – um unsere Technologien »schreiben« zu lernen, anstatt sie nur zu lesen.

Bei einfachen Raspberry Pi-Projekten wirst du schnell feststellen, dass du die Technologie kontrollieren kannst. Der Raspberry Pi führt dich, unterstützt dich bei komplexeren Aufgaben und – wenn du das willst – bringt er dich dazu, auch ausgeklügeltere Technologien zu beherrschen. Ein Raspberry Pi ist aber sehr viel mehr als ein Anfängerwerkzeug.

Bei der Arbeit mit dem Pi geht es ums Ausweiten von Fähigkeiten und sogar um den Glauben an sich selbst, wenn man Dinge baut, von denen man womöglich denkt, sie wären einem zu hoch. Wir haben dieses Buch geschrieben, um dich zu inspirieren, dir etwas beizubringen und dir zu helfen, ein Raspberry Pi-Experte zu werden. Wir hoffen, es macht dir Spaß, zu entdecken, was mit diesem kleinen Computer möglich ist. Und denk dran: Es gibt keinen Grund, warum du nicht die Technologie meistern solltest, die du nutzt!

Kirsten & Will

< 8 >

Pi-Projekte

Legende

■ DIE GRUND-PIDEE
■ ROBOTER-PI
■ GAME-PI
■ EXPERIMENTAL-PI
■ HEIM-PI
■ KUNST-PI

Blinkende LED Seite 40

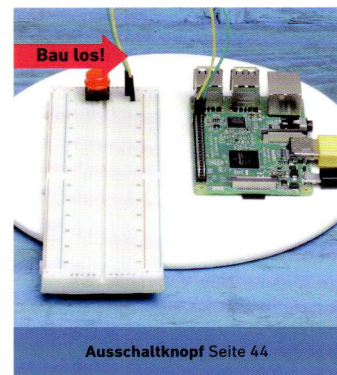

Ausschaltknopf Seite 44

Pi-Fernglas Seite 50

RoboCroc Seite 54

Kamerapanzer Seite 58

Raspberry Pi HAL 9000 Seite 64

Box-Bot Seite 68

PIK3A Retro-Spieltisch Seite 76

< 10 >

Der Code für Projekte, die mit »Bau los!« markiert sind, steht auf: **quartoknows.com/page/raspberry-pi** Einzelheiten auf S. 39.

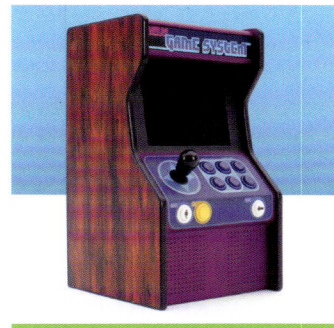

Micro-Arcade-Automat Seite 82

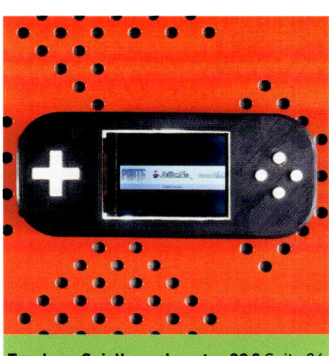

Tragbare Spielkonsole unter 20 € Seite 86

Meccano-Würfelschrein Seite 90

Bau los!

Retro Games Station Seite 96

Bau los!

Robuster Minecraft®-Server Seite 100

Batinator Seite 106

Bodenkamera Seite 110

GroveWeatherPi Seite 114

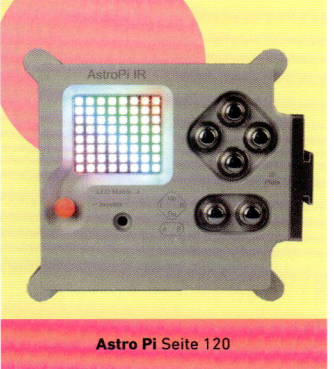

Astro Pi Seite 120

< 11 >

Taschen-Cluster Seite 126

Bau los!

Sensor-Station Seite 130

Movie Player Seite 136

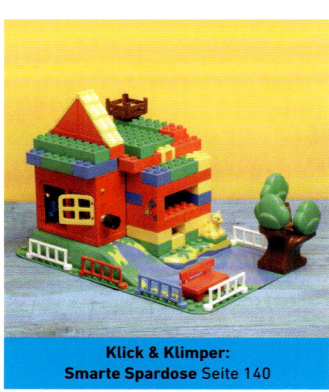

**Klick & Klimper:
Smarte Spardose** Seite 140

Internet-Anzeiger Seite 144

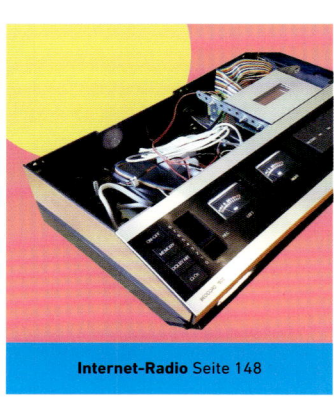

Internet-Radio Seite 148

Kaffeeröster Seite 152

Cyberdeck Seite 158

Tytelli Smartphone Seite 162

< 12 >

Media Center Seite 166

Bau los!

Lunchbox-Laptop Seite 172

Bau los!

Joghurtmaschine Seite 176

Das Internet des LEGO® Seite 184

3-D-Scanner Seite 192

BeetBox Seite 198

Erica, das Cyber-Rhino Seite 202

Bau los!

Pi-Kamera Seite 208

Bau los!

LEGO® Technic Gehäuse Seite 212

< 13 >

1

DIE GRUND-PIDEE

Ein erster Einstieg in den Raspberry Pi

Die Geschichte des Raspberry Pi

Der erste Raspberry Pi kam 2012 auf den Markt. Doch seine Geschichte begann schon 1981, als die Welt kurz vor der Mikrocomputer-Revolution stand.

In den frühen 1980er-Jahren startete die British Broadcasting Corporation – Großbritanniens öffentliche Sendeanstalt – ihr BBC Computer Literacy Project, ein Programm zur Förderung von EDV-Kenntnissen, das zur Entwicklung des BBC Mikrocomputers führte. Da die Hälfte der Kosten von der Regierung zugeschossen wurde, gelangte diese Plattform schnell an Schulen und andere Bildungseinrichtungen. In den Folgejahren zog sie erfolgreich eine Generation von Computerentwicklern und Ingenieuren heran.

Dieses Wachstum hielt aber nicht an. Zwischen Mitte der 1990er-Jahre und Mitte der 2000er-Jahre bemerkte Eben Upton, einer dieser frühen Informatikingenieure, dass die Anzahl der Bewerber für Informatik-Studienplätze stark zurückging. Auch die Qualität der Bewerber hatte nachgelassen. Obwohl die Studenten wussten, wie man Anwendungen bediente, wussten sie nicht, wie man überhaupt programmierte. Upton hatte das Gefühl, dass sich eine Krise der britischen Technik-Industrie anbahnte: Computerkenntnisse starben aus.

Uptons Erfahrung zeigte, dass man Ingenieure am besten von Kindesbeinen an ausbildete, indem man ihnen so früh wie möglich Technik in die Hand gab, um die Anzahl an Programmierern und Ingenieuren zu erhöhen – und damit die Menge an nützlicher Technik in der Zukunft. Er musste also den BBC Mikrocomputer fürs

21. Jahrhundert »neu erfinden«. Sechs Jahre lang arbeitete er mit Kollegen, Computerfans, Lehrern und Akademikern zusammen, um eine Plattform zu schaffen, die einer Reihe von technischen und philosophischen Kriterien gerecht wurde.

Das Team – außer Eben Upton noch David Braben, Jack Lang, Pete Lomas, Alan Mycroft und Robert Mullins – hatte das Gefühl, dass die Digitaltechnik immer mehr zum Konsum anregte als zur Kreativität. Sie wollten dieses Gleichgewicht verschieben und der nächsten Generation helfen, wieder zu Schöpfern zu werden, damit sie die Welt gestalten konnten, indem sie ihre eigenen Technologien entwarfen.

Der Mikrocomputer, der dafür nötig war, musste niedrig im Preis und zugleich leistungsstark sein. Er brauchte kleine Maße, einen Grafikprozessor, 3-D-Grafik, ein Tastatur-Interface, eine Dateistruktur auf SD-Karte und er musste ausbaufähig sein. Außerdem musste der Computer etliche Programmiersprachen und kostenlose Open-Source-Programme unterstützen, die ihn für alle zugänglich, interdisziplinär und spannend für junge Leute machen würden.

Als das Entwicklerteam einen Namen für die neue Plattform suchte, stand »Raspberry« auf der Vorschlagsliste (da Namen auf Obst-Basis Erfolg versprachen). Auf der Maschine sollte

< 16 >

Knapp drei Monate nach
Erscheinen wurden jeden
Tag 4000 Raspberry
Pi-Einheiten hergestellt,
um den Bedarf zu decken.

Python laufen, daher wurde daraus »Raspberry Pi«. Der Name blieb und die Raspberry Pi Foundation wurde 2009 eingetragen, als Wohltätigkeitsvereinigung, die den billigen Einplatinencomputer produzieren und vertreiben würde. 2012 kam die erste Version des Pi als Model A und Model B auf den Markt, als Hommage an die ursprünglichen Modelle des BBC Microcomputers.

Trotz großen anfänglichen Interesses hatte das Team recht niedrige Erwartungen, was erste Verkaufszahlen anging. Völlig zu Unrecht, denn die anfängliche Charge von 10 000 Platinen verkaufte sich binnen Minuten, dazu kamen Hunderttausende Vorbestellungen.

Im Mai 2012 – nur drei Monate nach dem Erscheinen – waren 20 000 Raspberry Pis verschickt worden. Weniger als fünf Jahre später erreichten die Verkäufe im September 2016 zehn Millionen Einheiten. Und sie steigen weiter, während neue Generationen eine der größten Erfolgsgeschichten der Computerwelt im 21. Jahrhundert entdecken.

Die Geschichte des Raspberry
Pi lässt sich bis zum BBC
Mikrocomputer aus den frühen
1980er-Jahren zurückverfolgen.

< 17 >

Ausrüstung

Raspberry Pi

Seit der Raspberry Pi 2012 herauskam, gab es einige Modelle, darunter Raspberry Pi Model A (und A+), Model B (und B+) und Raspberry Pi 2. Die Baumeister in diesem Buch haben für ihre Projekte verschiedene Modelle benutzt, oft sind sie sogar austauschbar.

Heute nutzen die meisten Leute den Raspberry Pi 3, der 2016 herauskam. Der Pi 3 lässt sich leicht auftreiben, ist günstig und kompatibel mit Pi 1- und Pi 2-Modellen. Anders als bei den Vorgängern sind bei ihm auch WLAN und Bluetooth integriert.

Spielen Größe und Stromverbrauch bei einem Projekt eine wichtige Rolle, ist vielleicht ein Pi Zero die bessere Wahl. Das ist im Grunde eine abgespeckte Version des »vollen« Pi, bei dem eine Reihe von Verbindungsmöglichkeiten und etwas Leistung fehlen.

Durch seine geringe Größe lässt er sich aber viel leichter in Projekten verbauen, bei denen nur wenig Platz ist, wie die tragbare Spielkonsole für unter 20 € auf S. 86–89. Das jüngste Pi Zero-Modell (der Pi Zero W, der 2017 herauskam) lässt sich über WLAN und Bluetooth verbinden, wodurch er zum bisher vielseitigsten Pi Zero wird.

Die Auswahl von Pi-Modellen zeigt, wie sich die Platine seit 2012 entwickelt hat.

1 Raspberry Pi Model B (2012)
2 Raspberry Pi Model A+ (2014)
3 Raspberry Pi Model B+ (2014)
4 Raspberry Pi 2 Model B (2015)
5 Raspberry Pi Zero ver. 1.3 (2015)
6 Raspberry Pi 3 Model B (2016)
7 Raspberry Pi Zero W (2017)

< 18 >

Unentbehrliches Zubehör

Allein mit dem Raspberry Pi kommst du nicht weit – du brauchst ein paar Zubehörteile, um deine kleine Platte voller Schaltkreise und Chips in einen richtigen Computer zu verwandeln. Zum Glück ist alles gut erhältlich, vielleicht hast du das meiste sogar schon. Falls nicht, werden Raspberry Pis oft als Bausätze mit allen Extras verkauft, sodass du gleich loslegen kannst. Aber was genau brauchst du?

Ein **Monitor** oder **TV-Gerät** lässt dich sehen, was du tust. Du brauchst auch ein HDMI-Kabel, um deinen Raspberry Pi mit dem Bildschirm zu verbinden.

Dein Pi braucht **Maus** und **Tastatur:** Man kann USB- oder Funkversionen nehmen, aber USB-Geräte mit Kabel sind für den Anfang am einfachsten.

Mit einer **SD-Speicher-karte** kannst du Dateien und Software auf deinem Pi speichern, genauso das Betriebssystem. Frühe Pi-Modelle nutzen normale SD-Karten, neuere Versionen Micro-SD-Karten. So oder so empfiehlt sich eine Karte mit mindestens 8 GB (Gigabyte).

Ein **5 V, 1 A-Micro-USB-Stromkabel** funktioniert mit allen Modellen.

< 19 >

Optionale Extras

Immer mehr Firmen stellen Zusatzgeräte her, um dem Raspberry Pi neue Fähigkeiten zu verleihen. Die offiziellen Zubehörteile der Raspberry Pi Foundation (die hier gezeigt werden) bieten guten Support mit vielen Infos und Tipps online. Sie sind sehr zuverlässig und finden breiten Einsatz in vielen Projekten, darunter etliche aus diesem Buch.

Hinweis: Achte beim Hinzufügen von Teilen darauf, dass deren Spannung zu der deines Projekts passt, damit dein Raspberry Pi nicht beschädigt wird.

Das jüngste offizielle **Kameramodul** (V2 zum Entstehungszeitpunkt dieses Textes) nimmt Fotos mit 8 Megapixel und HD-Videos auf. Seine Einfachheit, Leistung und Flexibilität machen es zu einem wichtigen Bestandteil für viele der faszinierendsten Pi-Projekte überhaupt. Das Modul ist voll kompatibel mit den Raspberry Pi-Modellen 1, 2 und 3. Auf S.208-211 erfährst du, wie du das Kameramodul in Betrieb nimmst. Das Kamerapanzer-Projekt auf S.58-63 zeigt eine verrückte Einsatzmöglichkeit.

Natürlich brauchst du nicht unbedingt ein **Gehäuse** für deinen **Raspberry Pi**, aber es ist sicherer und schützt ihn vor Staub. Der Computer lässt sich womöglich auch leichter in deinen Projekten verbauen.

Nutzt man keinen Raspberry Pi 3, braucht man einen WLAN-Stick, um ihn drahtlos verbinden zu können. Es gibt dafür etliche Optionen, aber nur der offizielle **Raspberry Pi USB-WLAN-Adapter** ist garantiert kompatibel mit deinem Pi.

< 20 >

Das **Raspberry Pi-Touch Display** ist ein Touchscreen mit einer Diagonale von 7 Zoll. Damit wird aus dem Pi ein Laptop oder Unterhaltungsgerät, wie der Movie Player auf S.136-139. Der Monitor hat eine Adapterkarte, um ihn an den Pi anzuschließen.

Der **Sense HAT** wurde für die auf S.120-125 gezeigte Astro Pi Weltraummission entworfen und ist jetzt für alle verfügbar. Er stattet den Raspberry Pi mit einem winzigen Joystick, einem LED-Display und Sensoren aus, die ein Gyroskop, einen Beschleunigungsmesser, ein Barometer und Messgeräte für Feuchtigkeit und Temperatur hinzufügen. Mit der Anleitung auf S.130-133 kann man sich eine Messstation mit dem Sense HAT bauen.

Anders als das Standard-Kameramodul für den Pi ist das **Pi-NoIR-Kameramodul** nicht mit einem Infrarot(IR)-Filter ausgestattet. Das bedeutet, dass es »unsichtbare« IR-Wellenlängen aufzeichnen und damit in der Dunkelheit sehen kann. Für Projekte wie den Batinator auf S.106-109 braucht man auch nachts klare Bilder.

< 21 >

Werkzeuge

Wenn sich deine Raspberry Pi-Projekte über die Platine selbst hinausbewegen, wirst du verschiedene elektrotechnische Werkzeuge und Zubehör brauchen. Obwohl man unmöglich voraussagen kann, was du für jedes einzelne Projekt brauchst, das du vorhast, gibt es ein paar Gegenstände, nach denen du immer wieder greifen wirst.

Auf einer **unverlöteten Steckplatine** kannst du Schaltkreise testen, ohne zu löten, indem du alles verschiebst, bis es funktioniert. Du brauchst auch einige **Drahtbrücken**, die man in die Löcher der Platine steckt.

Zur Elektrotechnik-Basisausstattung gehören **Präzisionsschraubendreher**, **Präzisionspinzette**, **Crimpzange** und **Seitenschneider**. Für deine ersten Projekte brauchst du sie nicht, aber wenn du ehrgeiziger wirst, sind sie unverzichtbar.

< 22 >

Will man Drähte und Platinen verbinden, braucht man einen **Lötkolben**. Dazu noch Lötzinn, einen Ständer, einen nassen Schwamm zum Saubermachen und Flussmittel (wenn man kein Lötzinn benutzt, das schon Flussmittel enthält).

Ein Vorrat an **Drähten** in verschiedenen Farben und Stärken hilft dir beim Bau von Schaltkreisen. Die Dicke eines Drahts bestimmt, wie viel Strom er übertragen kann.

Beim örtlichen Elektronikladen gibt es Pakete mit **LEDs**, **Widerständen**, **Dioden** und vielen anderen nützlichen Teilen. Es lohnt sich, für Experimente Ersatz zu haben, denn es lässt sich kaum vermeiden, beim Ausprobieren auch mal Fehler zu machen.

Mit einem **Multimeter** kannst du Spannung, Stromstärke und Widerstand eines Schaltkreises messen, um Fehler zu finden (und zu vermeiden).

< 23 >

Ran an die Fachbegriffe

Als Raspberry Pi-Neuling begegnet man Wörtern, Ausdrücken oder Abkürzungen, bei denen man sich nur am Kopf kratzen kann. Dieser schnelle Ratgeber hilft dir, einige der wichtigsten Begriffe zu verstehen.

GPIO

In diesem Buch wirst du häufig auf »GPIO« stoßen. Das bedeutet »General Purpose Input Output«, also Allzweckeingabe/-ausgabe. Wirft man einen Blick auf einen Raspberry Pi (1, 2 oder 3), sieht man ein Raster von Stiften hervorragen (unten gezeigt). Das sind programmierbare GPIO-Pins, die man nutzen kann, um Geräte an den Pi anzuschließen.

Auf einem Pi Zero ist die GPIO »unbestückt«, das heißt, es gibt keine Pins. Man kann jedoch eine Stiftleiste – den GPIO Header – kaufen und festlöten oder Drähte direkt in die GPIO-Kontaktlöcher der Platine einlöten.

Code

Code ist eine Schriftsprache, die Computer verstehen. Computer können Code lesen. Man kann den Raspberry Pi über Code steuern, seine Funktionsweise verändern oder sogar eigene Software schreiben, die auf dem winzigen Computer läuft. Die Projekte in diesem Buch nutzen Code, damit ihre verschiedenen Teile zusammen funktionieren. Mit etwas Zeit und Mühe wirst du Code schreiben können als wäre es deine eigene Sprache. Es gibt viele verschiedene Programmiersprachen.

Der Raspberry Pi 3 (oben) hat 40 GPIO Pins, die man verlöten und verbinden kann. Die GPIO eines Pi Zero (unten) ist »unbestückt«, um die Platinenhöhe zu minimieren.

< 24 >

Internet der Dinge
(Internet of Things, IoT)

Das »Internet der Dinge« bezieht sich auf ein
Netzwerk aus Millionen echter Gegenstände,
die durch das Internet verbunden sind: Nicht
nur Computer, sondern auch Uhren, Spielkonsolen, Sicherheitskameras, medizinische Geräte
und sogar Gebäude. Ob vom Erbauer geplant
oder nicht, etliche Projekte mit dem Raspberry
Pi schließen sich dem IoT an, denn sie sind oft
»Dinge«, die der Pi über das Internet mit der
Welt verbindet.

Maker

In der Welt der Computer, Hacker und Elektronik
steht »Maker« für alle, die gerne basteln und
bauen. Diese Leute sind oft Amateure, die gern
improvisieren und die Dinge häufig lieber selbst
bauen, als etwas Vorgefertigtes zu kaufen. Jedes
Projekt dieses Buches ist die Schöpfung eines
Makers.

Das Internet des LEGO®
auf S.184–191 demonstriert
das Internet der Dinge auf
kleinem Raum.

Betriebssystem

Für sich genommen ist Computerhardware für
Menschen nicht brauchbar. Um sie zu nutzen,
braucht man ein Betriebssystem (wie Windows,
macOS oder Linux). Alle Programme und Apps,
die auf einem Computer laufen, nutzen sein
Betriebssystem, genauso wie alle Geräte, die
man daran anschließt. Wir nutzen das Betriebssystem, wenn wir mit Werkzeugen wie der
Desktop-Anzeige oder einem Maus-Cursor
interagieren. Auf dem Raspberry Pi heißt das
Betriebssystem »Raspbian«.

< 25 >

Python

Raspberry Pis können alle möglichen Programmiersprachen (den Code) lesen, aber am gebräuchlichsten ist Python. Python lässt sich rasch lernen, schnell einsetzen und wird von der Raspberry Pi Foundation für die meisten Lernenden empfohlen. Auf S. 37–39 erfährst du mehr über die Grundlagen des Programmierens.

Raspbian

Raspbian ist das Standardbetriebssystem für den Raspberry Pi, das aus dem freien, auf Linux basierenden Debian OS hervorging. Raspbian stellt die grundlegenden Programme und Anwendungen zur Verfügung, die geniale Projekte möglich machen. Man kann auch andere Betriebssysteme auf dem Pi installieren. Aber wenn man mit Raspbian anfängt, erlernt man die Grundlagen leichter, kann erste Projekte bauen und eine Menge Software nutzen, die für Raspbian geschrieben wurde.

Scratch

Scratch ist eine einfache Programmiersprache, die ein jüngeres Publikum ins Programmieren einführen soll, indem sie ein einfaches »Drag and Drop«-Interface nutzt. Das macht sie ideal zum Lernen, hat aber seine Grenzen. Deshalb benutzen erfahrenere Bastler lieber Python oder eine der vielen anderen Sprachen.

Erica, das Cyber-Rhino, nutzt Python-Code und weitere Sprachen. Auf S. 202–207 findest du mehr über Erica heraus.

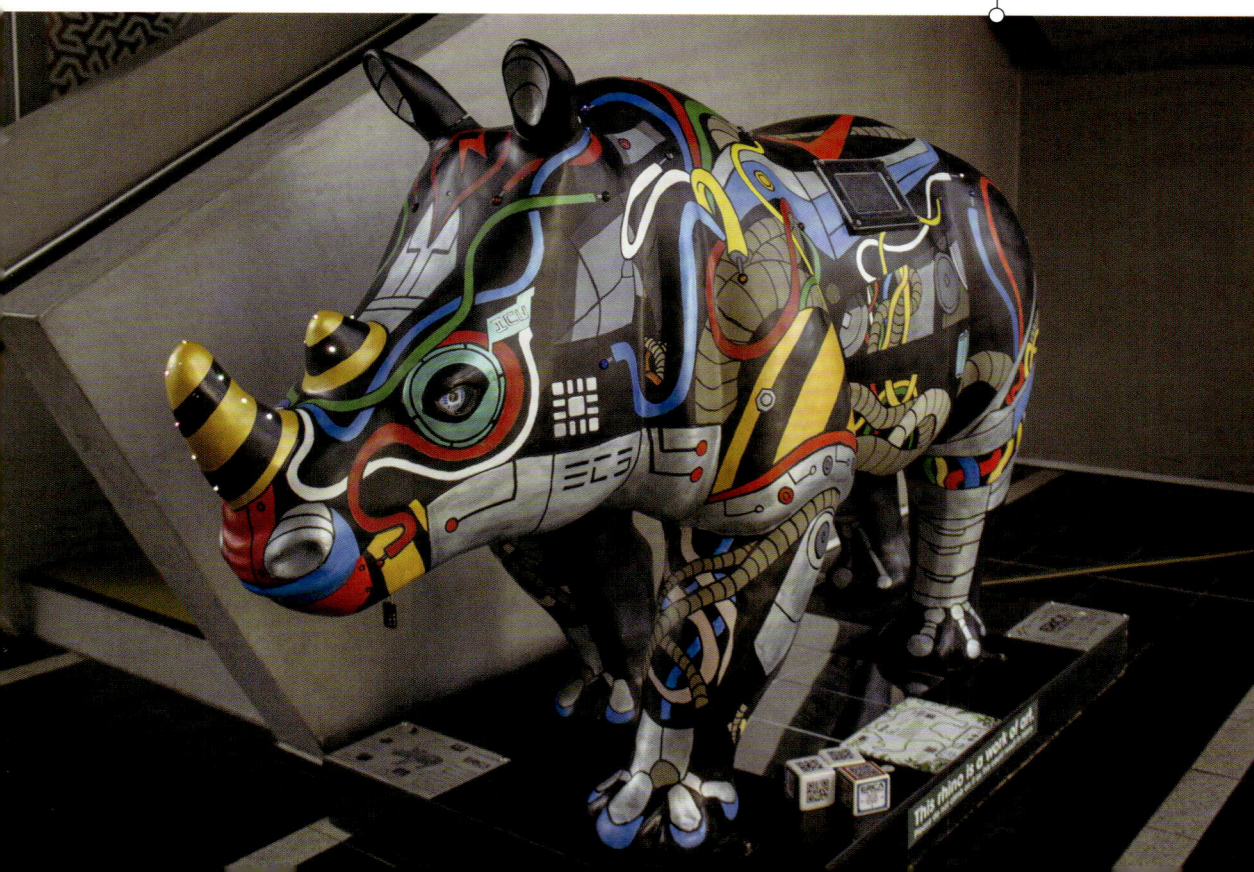

Widerstände sind farbcodiert, um ihren Widerstandswert anzuzeigen. Mach dich mit den Farben vertraut, dann ist dir schnell klar, ob du die richtigen Gegenstände in der Hand hast (K = 1000, M = 1000000).

Widerstände

Widerstände sind eine der gebräuchlichsten Komponenten beim Bau von Schaltkreisen. In Projekten mit dem Raspberry Pi werden sie oft eingesetzt, um die Stromstärke zu begrenzen, die durch den Schaltkreis fließt, was besonders nützlich ist, um LEDs zu betreiben. Den Einsatz von Widerständen sieht man in den Projekten Blinkende LED und Joghurt-Maschine auf S. 40–43 und S. 176–181.

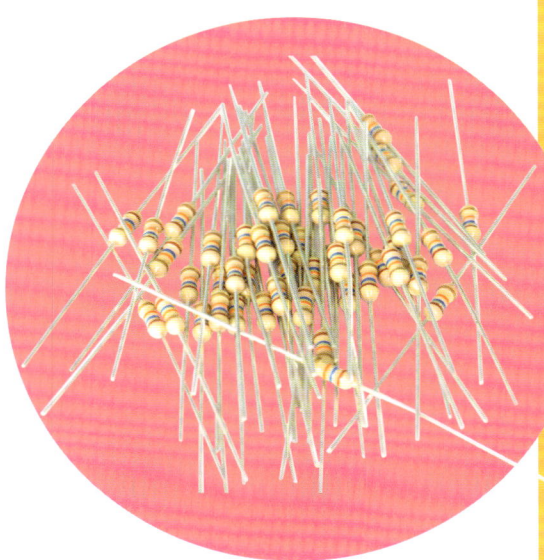

Farbe	Wert	Multiplikator	Toleranz
Schwarz	0	x1	
Braun	1	x10	1 %
Rot	2	x100	2 %
Orange	3	x1K	–
Gelb	4	x10K	–
Grün	5	x100K	0,5 %
Blau	6	x1M	0,25 %
Violett	7	x10M	0,1 %
Grau	8	–	0,05 %
Weiß	9	–	–
Gold	–	0,1	5 %
Silber	–	0,01	10 %

Erste Farbe
Erste Zahl

Dritte Farbe
Multiplikator

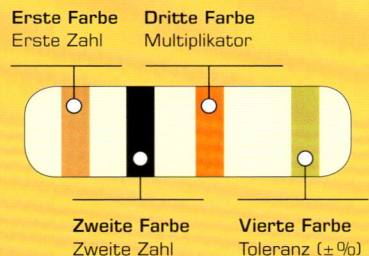

Zweite Farbe
Zweite Zahl

Vierte Farbe
Toleranz (± %)

Der Farbcode zeigt den Widerstand an. Im Beispiel oben sind es die Farben Braun (1), Schwarz (0), Orange (x1K) und Gold (±5 %). Setzt man das zusammen, erfährt man, dass der Widerstand 10 x 1K oder 10000 Ohm hat, mit einer Toleranz von ±5 %.

Der Widerstand unten hat zwei rote Bänder, gefolgt von einem braunen und goldenen. Wieder können wir an den Farben den Widerstand ablesen. In diesem Fall sind die ersten drei Werte 2, 2, und x10, also ein 220 Ohm Widerstand (22 x 10). Das Gold steht wieder für eine Toleranz von ±5 %.

< 27 >

Loslegen

Hat man noch nie einen Raspberry Pi benutzt (oder gesehen), wirkt die blanke Platine vielleicht etwas einschüchternd. Hier findest du alles, was du zum Loslegen brauchst.

Erkunde deinen Raspberry Pi

Bevor wir uns den wesentlichen Details für das Aufsetzen eines Raspberry Pi widmen, klären wir doch erst mal, was er eigentlich ist. Ein Raspberry Pi ist ein Linux-basierter Einplatinencomputer mit einem kleinen Formfaktor. Er kann nicht nur schnell Daten verarbeiten, sondern auch durch die vielen Inputs und Outputs mit der echten Welt interagieren, darunter USB, HDMI, Ethernet und eingebautes WLAN (je nach gewähltem Modell).

Raspberry Pi Zero W
SPEZIFIKATION

> 1 GHz Single-Core-Prozessor
> 512 MB RAM
> Micro-USB-Anschluss
> Micro-USB-Stromanschluss
> Mini HDMI-Port
> Micro-SD-Kartensteckplatz
> Unbestückter 40-Pin GPIO Header
> 802.11n WLAN
> Bluetooth
> Größe: 65 mm × 30 mm × 5 mm

< 28 >

Der kleinformatige Raspberry Pi 3 lässt sich perfekt in Projekte einbauen. Wenn es aber bei deinem Projekt auf Platz ankommt, kannst du stattdessen den Pi Zero (siehe andere Seite) benutzen.

Raspberry Pi 3 Model B
SPEZIFIKATION

> 1,2 GHz 64-Bit Quad-Core-Prozessor

> 1 GB RAM

> 802.11n WLAN

> Bluetooth

> 4 USB-Anschlüsse

> HDMI-Port

> Ethernet-Anschluss

> Kombinierte 3,5 mm-Audiobuchse und FBAS

> Micro-SD-Kartensteckplatz

> VideoCore IV 3-D-Grafikprozessor

> 40 GPIO-Pins

> Größe: 85,6 mm × 56 mm (Höhe wird durch die Stecker bestimmt.)

< 29 >

Anatomie des Pi 3

Der **GPIO-Stecker** ist ein männlicher Stecker, über den man den Pi an verschiedene Hardware ankoppeln kann. Der Raspberry Pi 3 hat 40 GPIO-Pins, die kleine Stromstärken bis 3,3 V verkraften.

Der **Bildschirmanschluss** ist ein Flachbandstecker, der den Pi an ein LCD-Display anschließt.

Auf der Unterseite des Raspberry Pi ist ein **Micro-SD-Kartensteckplatz** für die Speicherkarte mit Betriebssystem, Software und anderen Dateien.

Den Pi versorgt ein **5 V-Micro-USB-Adapter**. Den Stecker kauft man oder nimmt ein Smartphone-Ladekabel (für reibungslosen Betrieb mindestens mit 1 A klassifiziert).

Der **HDMI-Port** verbindet den Raspberry Pi mit einem Monitor.

< 30 >

Der Pi 3 hat vier **USB 2.0-Anschlüsse.** Darüber kann man Maus, Tastatur, Speicherstick, WLAN-Stick und vieles mehr anschließen!

Wie der Monitor wird über den **Kamera-Port** auch das Kameramodul mit einem Flach-bandstecker angeschlossen.

Der **Ethernet-Anschluss** des Raspberry Pi verbindet ihn über ein Kabel mit dem Internet.

Die **FBAS-Video-Buchse** ver-bindet den Pi mit einem FBAS-Videomonitor. Man muss ihn konfigurieren, damit er funktioniert.

< 31 >

Gehäuse

Sobald du Kabel an deinen Raspberry Pi an-schließt, kann es schwierig werden, die Platine an Ort und Stelle zu halten, und sie wird leicht beschädigt. Das kann nerven. Bevor du also los-legst, ist es sinnvoll, deinem Pi ein Gehäuse zu verpassen. Viele Projekte dieses Buches gelingen besser, wenn die Platine abgedeckt ist.

Willst du dir ein Gehäuse bauen, findest du eine Anleitung für ein LEGO® Gehäuse auf S. 212–215. Alternativ kannst du den Raspberry Pi einfach – wie unten beschrieben – auf eine Acrylplatte montieren, sodass er dann sicher über deinem Schreibtisch »schwebt«, statt darauf zu liegen.

1. Nimm deine Acrylplatte und stelle den Rasp-berry Pi in die Mitte.

2. Markiere die vier (gelben) Befestigungslöcher des Pi auf dem Acryl und bohre sie mit einem passenden Bohrer.

3. Stecke durch jedes Loch eine Schraube. Schraube darauf je eine Mutter fest.

4. Füge an jede Schraube noch eine Mutter an, aber drehe sie nur ein Stück nach unten.

5. Stecke deinen Raspberry Pi auf die oberen Muttern und schraube ihn mit den letzten vier Muttern fest. Pass auf, dass du die Schrauben nicht zu sehr anziehst.

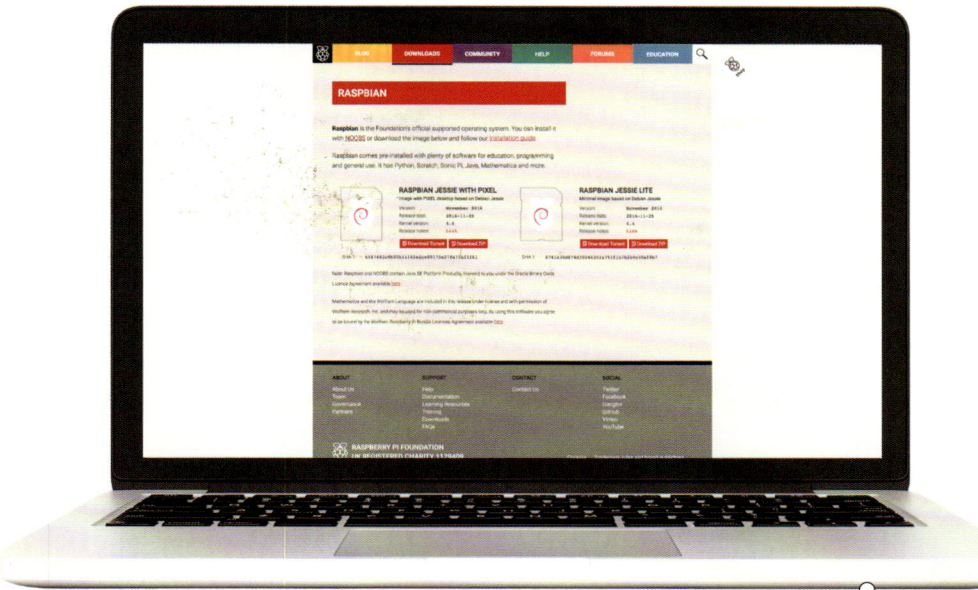

NOOBS einrichten

Als Nächstes richtet man das Betriebssystem auf dem Raspberry Pi ein. Wurde der Pi in einem Bausatz erworben, ist NOOBS (»New Out Of Box Software«) vielleicht schon auf einer SD-Speicherkarte vorinstalliert und man kann diesen Schritt überspringen. Wenn nicht, kauft man sich entweder eine SD-Speicherkarte mit der vorinstallierten Software oder lädt die Software wie hier dargestellt auf eine Speicherkarte.

1. Zunächst brauchst du eine Micro-SD-Speicherkarte mit mindestens 8 GB Speicherplatz. Über PC oder Laptop lädst du dir »SD Formatter« von der Website www.sdcard.com herunter, installierst es und formatierst damit die Speicherkarte.

Am einfachsten installiert man das Betriebssystem auf einem neuen Pi mit NOOBS. Das findet man auf der Webseite der Raspberry Pi Foundation.

2. Lade dir dann NOOBs von www.raspberrypi.org herunter (die Software findest du im »Download«-Bereich). Als Zielort für den Download nimm am besten deinen Desktop, damit du die Datei leicht findest.

3. NOOBS wird im ZIP-Format heruntergeladen, das du »extrahieren« (öffnen) musst. Sobald alle Dateien extrahiert sind, kopierst du sie mit Drag & Drop auf die SD-Karte.

< 33 >

Raspi-Config
Bootest du Raspbian zum ersten Mal, siehst du das Raspberry Pi Software-Konfigurations-Tool (oder »raspi-config«). Hier kannst du einige Einstellungen vornehmen, etwa das Kameramodul aktivieren (falls es angeschlossen ist), festlegen, wie dein Pi bootet, und vieles mehr.

Verbindungen herstellen

Wenn NOOBS auf einer SD-Karte installiert ist, kannst du anfangen, mit deinem Pi herumzuprobieren. Erst musst du alles anschließen. Gehe dazu folgende Schritte durch:

1. Stecke USB-Tastatur und -Maus in zwei der USB-Anschlüsse des Pi.

2. Verbinde den Raspberry Pi über ein HDMI-Kabel oder ein VGA-Kabel mit HDMI-VGA-Adapter (für VGA-Monitore) mit dem Monitor.

3. Schiebe deine Micro-SD-Karte in den Steckplatz des Raspberry Pi. Pass dabei auf, dass sie richtig herum ist.

4. Stecke den Stromadapter in den Micro-USB-Stromanschluss. Dein Raspberry Pi sollte sofort anspringen, denn es gibt keinen Ein-Ausschalter.

Raspbian installieren

Das Betriebssystem Raspbian lässt sich mit NOOBS unfassbar leicht installieren. Wenn dein Raspberry Pi zum ersten Mal hochfährt, kannst du das Betriebssystem festlegen – nimm einfach *Raspbian,* dann *Install* und klicke anschließend in dem Hinweiskasten auf *OK*.

Dann wirkt die NOOBS-Magie auch schon und installiert Raspbian OS und weitere Software für dich. Das dauert etwa zehn bis fünfzehn Minuten. Die Wartezeit kannst du dir damit vertreiben, die Infos zu lesen, die auf dem Setup-Fenster gezeigt werden, um einen ersten Einblick in Raspbian zu erhalten.

< 34 >

Verbindung zum Internet

Du kannst deinen Pi über ein Ethernet-Kabel ans Internet anschließen. Dann verbindet er sich automatisch mit deinem Netzwerk.

Alternativ kannst du ihn über WLAN verbinden, indem du die eingebaute Verbindungsmöglichkeit eines Raspberry Pi 3 (am einfachsten), einen voll Pi-kompatiblen WLAN-Stick (das zweitbeste) oder einen WLAN-Stick, für den erst Treiber installiert werden müssen (nicht unbedingt empfohlen), nutzt.

Falls du den Raspberry Pi 3 nutzt (oder einen voll kompatiblen Stick), braucht die Verbindung mit dem WLAN nichts weiter als einen Linksklick auf das Netzwerk-Symbol oben rechts in der Ecke des Raspbian-Desktops (auf der Menüleiste). Dann

wählst du das Netzwerk im Dropdown-Menü aus. Wird nicht gleich ein Netzwerk gefunden, warte, bis der Pi die Verbindungsoptionen durchsucht hat; findet er weiterhin nichts, schau nach, ob dein Router läuft und genug Reichweite hat.

Willst du dich mit einem gesicherten Netzwerk verbinden, wirst du nach einem Passwort oder »Key« gefragt, den du eingeben musst, bevor die Verbindung hergestellt wird. Nach der Eingabe und einem Klick auf *OK* verbindet sich dein Pi und du bist online!

Warum baust du dir nicht einen Pi-betriebenen Internet-Anzeiger wie auf S.144-147, um den Status deiner Verbindung abzufragen?

< 35 >

Raspbian upgraden

Willst du, dass dein Raspberry Pi bestmöglich funktioniert, sorge dafür, dass darauf das neueste Betriebssystem läuft. Die Version, die in den letzten Schritten installiert wurde, ist vielleicht nicht unbedingt die aktuellste verfügbare Version. Darum lohnt es sich, ein Upgrade durchzuführen.

Sobald du den Pi mit dem Internet verbunden hast, teste deine Internetverbindung, indem du den Webbrowser öffnest. Hast du bestätigt, dass du mit dem Internet verbunden bist, öffne das Terminal und tippe den folgenden Befehl ein:

```
sudo apt-get update
```

Drücke auf *Eingabe* und dein Pi beginnt den Download und installiert alle Updates. Sobald das erledigt ist, tippe den folgenden Befehl ein:

```
sudo apt-get dist-upgrade
```

Drücke *Y* und *Eingabe*, wenn du dazu aufgefordert wirst, und dein Pi holt alle nötigen Upgrades und installiert sie.

Du musst Raspbian upgraden, weil bei neueren Versionen etliche Bugs ausgemerzt sind und die Leistung erhöht wurde. Daher lohnt es sich auch, den Upgrade- und Update-Prozess regelmäßig durchzuführen.

< 36 >

Programmiergrundlagen

Um deinen Raspberry Pi voll zu nutzen, solltest du Programmieren lernen. Programme sind eine Reihe von Anweisungen oder Regeln, die ein Computer befolgt; es ist also geschriebene Sprache, die der Computer versteht.

Wenn man Code schreiben – oder programmieren – kann, kontrolliert man den Computer nicht nur auf jeder Ebene, sondern kann auch eigene Software schreiben. Lernt man also mit dem Pi programmieren, kann man Computerspiele entwerfen, Befehle an einen Roboter schicken oder aus dem Nichts Musik erschaffen – die Möglichkeiten sind (so gut wie) unbegrenzt!

Mit Code steuert und programmiert man den Pi und andere Digital-Geräte.

< 37 >

So geht Programmieren

Um Code zu schreiben, muss man eine Programmiersprache erlernen und anwenden. Eine Programmiersprache ist eine Version des Computercodes, die sowohl du als auch der Computer lesen können.

Es gibt viele Sprachen, in denen man Computer programmieren kann. Einige davon funktionieren hervorragend mit dem Raspberry Pi. Wenn du einen neuen Pi aufsetzt, sind Sprachen wie C, C++, Java und Ruby schon standardmäßig installiert, genauso Python, die offiziell empfohlene Raspberry Pi-Sprache für jene, die zum ersten Mal programmieren. Das noch leichter zu erlernende Scratch ist auch installiert und eignet sich besonders gut für junge Programmierer.

Python benutzen

Python ist eine textbasierte Programmiersprache. Das heißt, man tippt den Code ein, indem man eine spezielle Sprache benutzt. Zum Glück lässt sich Python leicht lernen und vielseitig einsetzen.

Als Python-Anfänger kann man IDLE benutzen. Das ist eine »Entwicklungsumgebung für Python«, die mit Raspbian auf deinem Raspberry Pi installiert wird. Das Tolle an IDLE ist unter anderem,

Viele Projekte mit dem Pi erfordern Code, aber einige nicht, etwa der Lunchbox-Laptop (S.172–175) und das LEGO® Technic Gehäuse (S.212–215).

dass es Korrekturen vorschlägt, wenn dein Code nicht ganz stimmt.

Um loszulegen, rufst du das Menü *Programming* vom Desktop deines Pi auf und wählst *Python 3*, um die neueste Version von Python zu öffnen.

Als Nächstes öffne *IDLE* und gehe auf *File > New*. Du solltest eine Art Textfenster sehen: Dort kannst du Python-Code eingeben, wenn du erste Versuche mit der Sprache startest.

Aber wie lernst du Programmieren? Nun, einige Projekte dieses Buches helfen dir, indem du Beispielen folgst und Code kopierst. Außerdem gibt es eine Menge Bücher und Webseiten, die dich unterstützen. Es ist zwar einfacher, Code zu kopieren und einzufügen, aber wenn du ihn abtippst, verstehst du ihn schneller.

< 38 >

Befehlszeilen

Dein Raspberry Pi hat ein Tool namens Befehlszeilen-Interface oder »Terminal« (das Standardprogramm ist LXTerminal). Es wirkt wie ein normales Fenster zur Texteingabe, doch steuert man damit den Computer. Ein Terminal stellt quasi eine Alternative zur Interaktion mit dem Computer über Tastatur und Maus dar: Anstelle von Zeigen und Klicken, um den Computer zu steuern, gibt man Textbefehle ein.

Ein Terminal erlaubt meist ein tieferes Eindringen in die Funktionen eines Computers und ist damit eine vielseitige und wichtige Möglichkeit, die Kontrolle über den Pi zu übernehmen. Mit dem Terminal kannst du Software lokalisieren und ausführen, neue Programme sowie Befehlsbibliotheken installieren und vieles mehr. Viele Anleitungen dieses Buches erfordern, dass du Befehle eingibst: Dafür ist das Terminal der richtige Ort.

SO VERWENDEST DU DIESES BUCH

Am Ende dieses Kapitels — und in den folgenden Kapiteln — findest du eine Auswahl spannender Projekte für den Raspberry Pi, die dich zu eigenen Entwürfen inspirieren. Die Materiallisten dienen dabei eher als Orientierung — bei der Auswahl schließlich ist deine Kreativität gefragt und grenzenlos. Die Projekte sind unterschiedlich schwierig, von ziemlich geradlinigen, kostengünstigen Ansätzen bis hin zu fortgeschrittenen Projekten, die mehr Zeit, eine größere finanzielle Investition und sehr viel mehr Fertigkeiten erfordern, um sie durchzuführen: Projekte, die auch äußerst erfahrene Maker herausfordern.

Neben inspirierenden Entwürfen von einigen der besten Maker überhaupt haben wir auch eine Auswahl an Projekten eingefügt, die sich perfekt für Anfänger eignen. Mit klar formulierten Anleitungen und nachvollziehbaren Illustrationen leiten dich diese »Bau los!«-Projekte Schritt für Schritt durch den Prozess, helfen dir, Erfahrungen mit Schaltkreisen zu sammeln, Befehle einzugeben und sogar zu programmieren.

Das klingt vielleicht abschreckend, wenn du noch nie etwas programmiert hast, aber um dir alles rund ums Programmieren zu erleichtern, gibt es eine Webseite zu diesem Buch:

quartoknows.com/page/raspberry-pi

Hier findest du jeglichen Code, den du für jedes »Bau los!«-Projekt brauchst, und — das ist das Beste — du kannst entscheiden, wie du ihn anwendest.

Wenn du ein Programmieranfänger bist, kannst du einfach den Code von der Webseite kopieren und einfügen. So werden deine Projekte erfolgreich programmiert, indem du nur ein paar Mausklicks machst.

Hast du Lust auf etwas Abenteuer, willst du den Code vielleicht Zeile für Zeile eingeben. Klar, dazu brauchst du länger und es besteht das Risiko, dass du einen Fehler machst. Aber indem du den Code selbst eingibst — und ihn nochmal überprüfst, um ihn zu »debuggen« — wirst du diese neue »Sprache«, die du lernst, bald verstehen. Und bevor du es merkst, schreibst du schon selbst den Code für eigene Projekte und Schöpfungen!

< 39 >

Bau los!

Blinkende LED

Wenn du eine Leuchtdiode (LED) blinken lassen kannst, zeigst du, dass du die Grundlagen der Elektronik verstehst. Außerdem hast du dabei die Möglichkeit, dir einfache Schaltkreise und einfachen Code anzusehen.

DATEN

BAUMEISTER	Inderpreet Singh
BAUZEIT	1 Stunde
BAUKOSTEN	unter 10€ (plus Pi)
SCHWIERIGKEIT	leicht

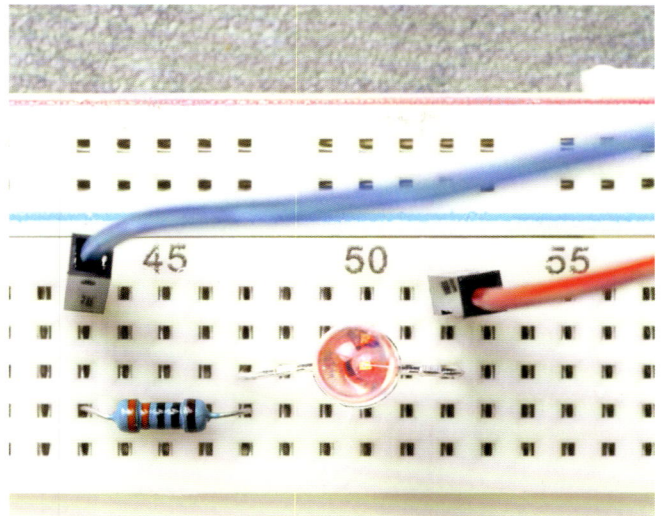

Das Projekt

Hast du je die Worte »Hello World« auf dem Bildschirm eines Computers oder anderen Geräts gesehen? Dann bist du Zeuge des längsten Insider-Witzes der Technik geworden. Ein »Hello World«-Programm ist so etwas wie Informatik-Tradition: Man beweist damit, dass man die aktuelle Programmiersprache verstanden hat, demonstriert, dass eine neu aufgesetzte EDV-Anlage funktioniert, oder setzt einen anderen »Heureka!«-Moment in Szene.

In der Welt der Elektronik ist das Äquivalent zu »Hello World« eine LED (eine Leuchtdiode), die aus- und angeht. Was wäre also besser als erstes Projekt für den Raspberry Pi geeignet als ein einfacher Schaltkreis und ein Programm, das eine LED zum Blinken bringt?

Der Baumeister

Inderpreet Singh bastelt schon seit gut 20 Jahren mit Elektronik. Er hat weitreichende Erfahrung mit Computern und Elektrotechnik aufgebaut. Ein weiteres Anfängerprojekt von ihm – einen Ausschaltknopf – findest du auf S. 44–47 (du kannst sogar einige Teile aus diesem Projekt wiederverwenden).

Hol dir den Code:
quartoknows.com/page/raspberry-pi

< 41 >

1. Setze deinen Pi auf

Du brauchst einen startbereiten Raspberry Pi mit angeschlossener Tastatur und Monitor sowie installiertem Betriebssystem Raspbian (siehe S. 34). Lass den Pi erstmal ausgesteckt.

2. Baue den Schaltkreis

Nimm deine Steckplatine, die Drähte, die LED, den Widerstand und verbinde sie wie gezeigt. Wenn du etwas ins falsche Loch steckst, ziehe es einfach wieder heraus. Darum gibt es Steckplatinen – sie dienen als wiederverwendbare Leiterplatte, mit der du experimentieren, lernen und Fehler machen kannst!

3. Suche deine Pins

Um deine LED blinken zu lassen, musst du sie – mit deinem Widerstand – zwischen einem GPIO-Pin und einem »Masse«-Pin anschließen. Suche einen Masse-Pin (GND) und den GPIO 4 Pin (der manchmal als »Pin 7« bezeichnet wird). An diesen Pins schließt du deinen Stromkreis an, wie unten gezeigt: Rot ist positiv, Blau ist »Masse«.

1	+3V3	2	+5V
3	GPIO 2/SDA1	4	+5V
5	GPIO 3/SCL1	6	GND
7	GPIO 4	8	TXD0/GPIO 14
9	GND	10	RXD0/GPIO 15
11	GPIO 17	12	GPIO 18
13	GPIO 27	14	GND
15	GPIO 22	16	GPIO 23
17	+3V3	18	GPIO 24
19	GPIO 10/MOSI	20	GND
21	GPIO 9/MISO	22	GPIO 25
23	GPIO 11/SCLK	24	CEO#/GPIO 8
25	GND	26	CE1#/GPIO 7
27	GPIO 0/ID_SD	28	ID_SC/GPIO 1
29	GPIO 5	30	GND
31	GPIO 6	32	GPIO 12
33	GPIO 13	34	GND
35	GPIO 19/MISO	36	CE2#/GPIO 16
37	GPIO 26	38	MOSI/GPIO 20
39	GND	40	SCLK/GPIO 21

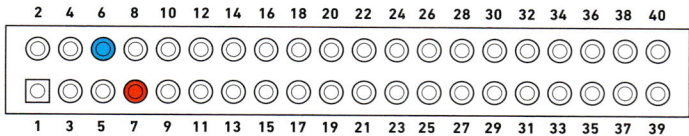

< 42 >

4. Füge deinen Code ein

Wenn die SD-Karte mit dem Betriebssystem im Pi steckt, versorge ihn mit Strom. Sobald er gebootet hat, klicke auf das Computerbildschirm-Symbol in der Programmleiste oben auf dem Monitor, um ein Terminal-Fenster zu öffnen.

Tippe folgenden Befehl ein, um ein neues Leafpad-Editor-Fenster zu öffnen, in das du Code eingeben kannst:

`leafpad blink.py`

Dann geh mit dem Internetbrowser des Pi zur Webseite des Buches und kopiere den Projekt-Code. Dieser Code – in Python – wird der LED sagen, dass sie an- und ausgehen soll.

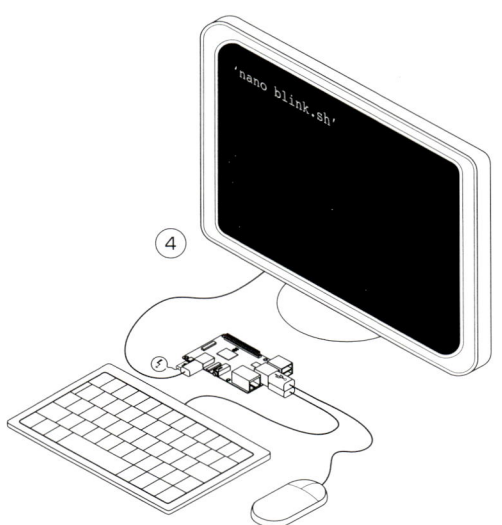

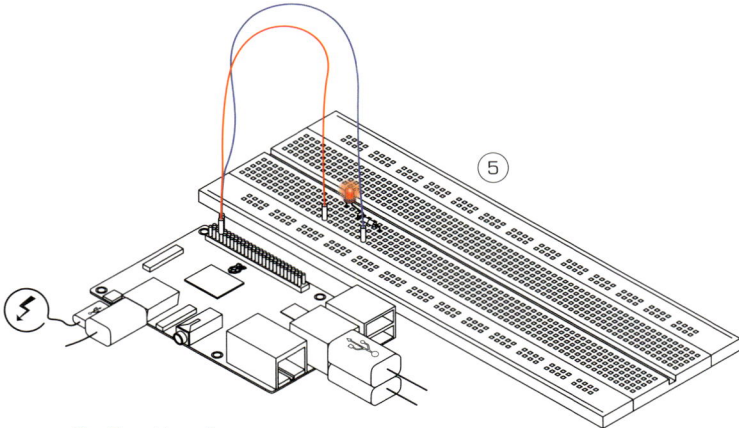

5. Testlauf

Sobald der Code eingegeben ist, beende den Leafpad-Editor und speichere, wenn du dazu aufgefordert wirst. Gehe zurück zum Terminal und tippe folgenden Befehl:

`sudo python3 blink.py`

Du wirst aufgefordert, ein Passwort einzugeben: Falls du es nicht geändert hast, ist das voreingestellte Passwort »raspberry«. Danach läuft der Code und die LED blinkt. Glückwunsch – du hast gerade mit einer LED und einem Raspberry Pi »Hello World« gesagt!

TIPPS

● Mit solchen einfachen Projekten erwirbst du ein paar Grundfähigkeiten, bevor du zu den komplexeren Entwürfen übergehst.

● Überprüfe deine Projekte immer wieder. Mit Tests bei jedem Schritt bleibst du wahrscheinlich auf dem richtigen Weg.

● Es ist kein Fehler, noch einmal anzufangen, wenn etwas nicht funktioniert. Du merkst dir wahrscheinlich sogar jede Lektion, die ein solches Projekt bietet, wenn du zum Anfang zurückgehst (oder zu einer frühen Phase).

< 43 >

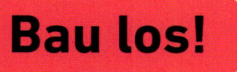

Bau los!

Ausschaltknopf

Trotz der Stärken des Raspberry Pi fehlt etwas, das bei vielen anderen elektronischen Geräten Standard ist: ein Ein- und Ausschaltknopf.

DATEN

BAUMEISTER	Inderpreet Singh
BAUZEIT	1–2 Stunden
BAUKOSTEN	unter 10 € (plus Pi)
SCHWIERIGKEIT	leicht

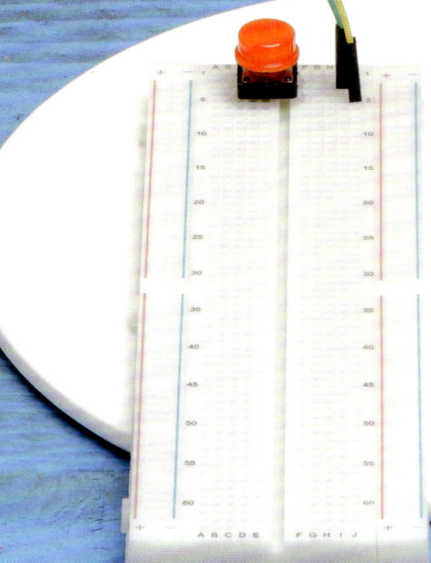

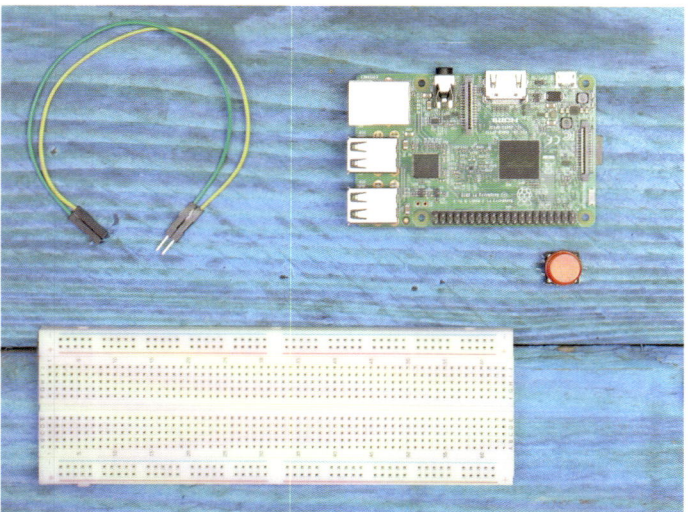

MATERIALIEN

→ Raspberry Pi (Pi 2 oder Pi 3)
→ Steckplatine
→ Drucktaster (ein Knopf oder Schalter, der an ist, wenn man drückt, und aus, wenn man loslässt)
→ Verbindungsdrähte

Das Projekt

Ein Ausschaltknopf hat etliche Vorteile, unter anderem schützt er deine Projekte vor Schaden, der entstehen könnte, wenn der Pi plötzlich herunterfährt. Das hat Inderpreet dazu angeregt, einen Knopf zu entwerfen, der einen »Abschalt«-Befehl ans Betriebssystem ausgibt, sodass der Raspberry Pi sicher ausgeschaltet wird.

Der Baumeister

Inderpreet Singh ist Elektrotechniker aus Amritsar in Indien. Er bastelt schon gute 20 Jahre mit Elektronik und teilt seine Projekte und Erkenntnisse gerne. Seine Webseite *Embedded Code* bietet einige Einblicke für Hobbybastler. Ihn inspiriert der Gedanke, dass man nicht viel Geld ausgeben muss, um etwas Gutes zu entwerfen.

TIPPS

● Wenn du Zweifel hast, google! Durch die Bemühungen der Raspberry Pi-Community sind sehr viele ausführliche Infos verfügbar.

● Erst der Prototyp, dann die Weiterentwicklung. Nimm deine Steckplatine und die Komponenten, die du herumliegen hast, um deine Projekte zu entwerfen. Sobald es funktioniert, kannst du es upgraden — etwa mit besseren Schaltern oder einem Gehäuse.

● Du kannst das Projekt mit einem frühen Pi 1 umsetzen, musst aber vielleicht andere GPIO- und GND-Pins nehmen, da die frühen Platinen nur 28 Pins hatten.

Hol dir den Code:
quartoknows.com/page/raspberry-pi

< 45 >

ANLEITUNG

1. Bringe den Knopf an

Bring den Drucktaster auf der Steckplatine an.
Hat dein Knopf vier Anschlüsse, musst du nur
zwei davon benutzen. Sie werden verbunden,
wenn der Knopf gedrückt wird. Verbinde den
Taster wie gezeigt über Verbindungsdrähte mit
den Anschlüssen.

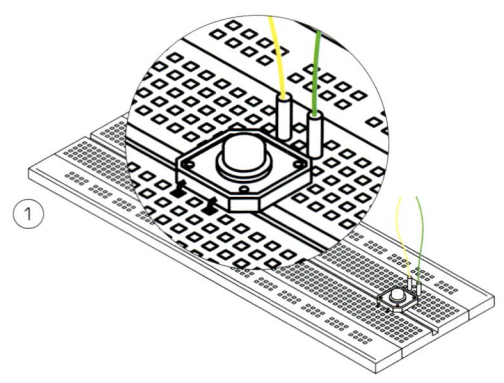

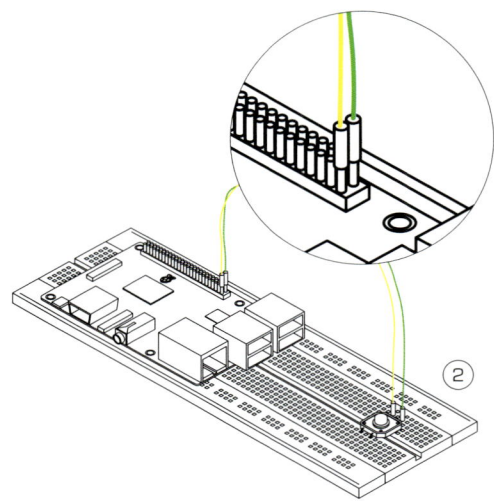

2. Wähle einen GPIO-Pin

Als Nächstes suchst du einen GPIO aus. Wir wollen
hier einen Pin nutzen, um zu erfassen, ob ein Knopf
gedrückt wird: Der Knopf wird zwischen GPIO-Pin
und GND-Pin angeschlossen: Drückt man den Knopf,
fällt daher die Spannung auf null.

Für dieses Projekt nimm GPIO 21 an einem Ende der
Stiftleiste, gleich neben dem GND-Pin (du kannst
jeden anderen unbenutzten GPIO nehmen). Schließe
den Schaltkreis mit den Verbindungsdrähten wie
gezeigt.

3. Programmiere deinen Pi

Fahre den Pi hoch und öffne ein Terminal-Fenster.
Tippe folgenden Befehl:

```
leafpad shutdown.py
```

Damit öffnest du ein neues Leafpad-Editor-Fenster.
Tippe den Projektcode von der Webseite des Buches ein,
speichere dann und schließe das Terminal-Fenster.

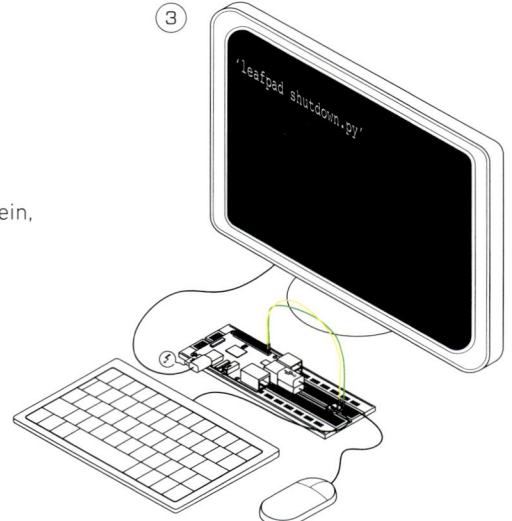

< 46 >

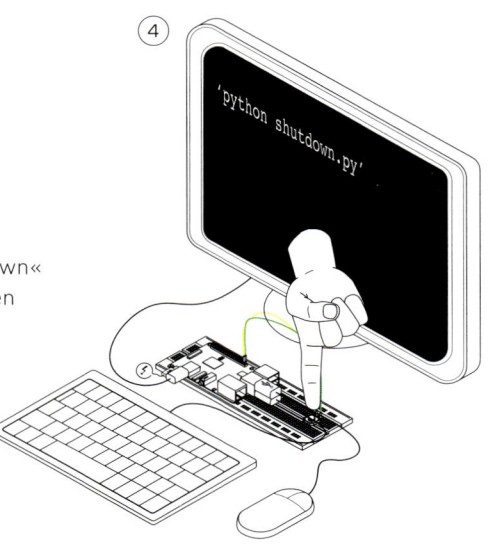

4. Teste dein Script

Teste dein Script, indem du das Terminal öffnest und eingibst:

```
sudo python3 shutdown.py
```

Drücke den Ausschaltknopf. Die Nachricht »shutting down« sollte auf dem Bildschirm erscheinen. Mit fünf Sekunden Verzögerung schaltet sich dein Raspberry Pi ab. Wenn du vor Ende dieser fünf Sekunden *Strg+C* drückst, stoppt das Script und der Abschaltprozess bricht ab.

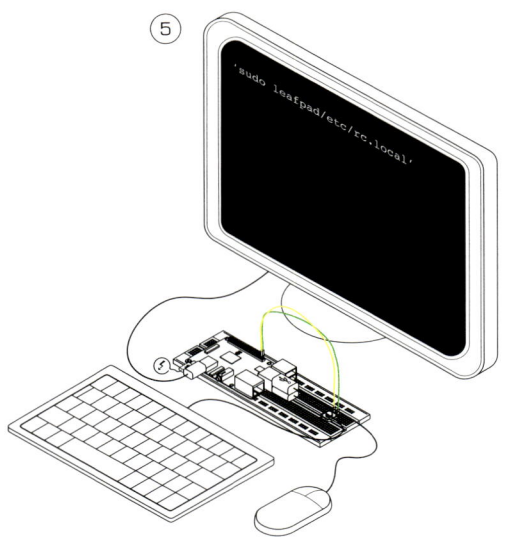

5. Aktivierung beim Start

Damit der Ausschaltknopf beim Starten des Raspberry Pi »aktiv« wird, musst du ihn in ein *rc-local*-Script einfügen. Öffne ein neues Terminal und gib folgenden Befehl ein:

```
sudo leafpad /etc/rc.local
```

Damit öffnet sich der Leafpad-Editor und die *rc.local*-Datei ist geladen. Am Ende der Datei (vor *exit 0* im Code) gib Folgendes ein:

```
sudo python3 /home/pi/shutdown.py &
```

Sichere die Datei und schließe Leafpad.

6. Erfolg!

Starte den Pi neu und dein Ausschaltknopf sollte funktionieren. Glückwunsch! Du hast deinem Raspberry Pi einen einfachen, zuverlässigen und nützlichen An- und Ausschaltknopf verpasst.

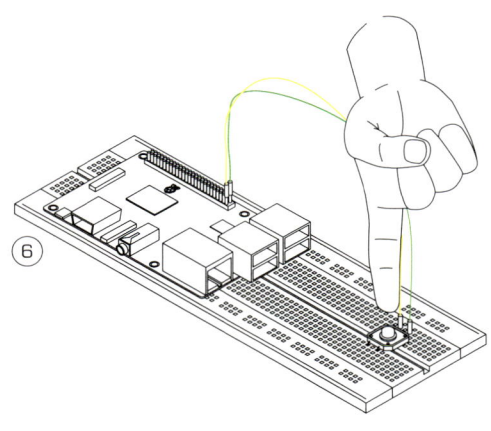

< 47 >

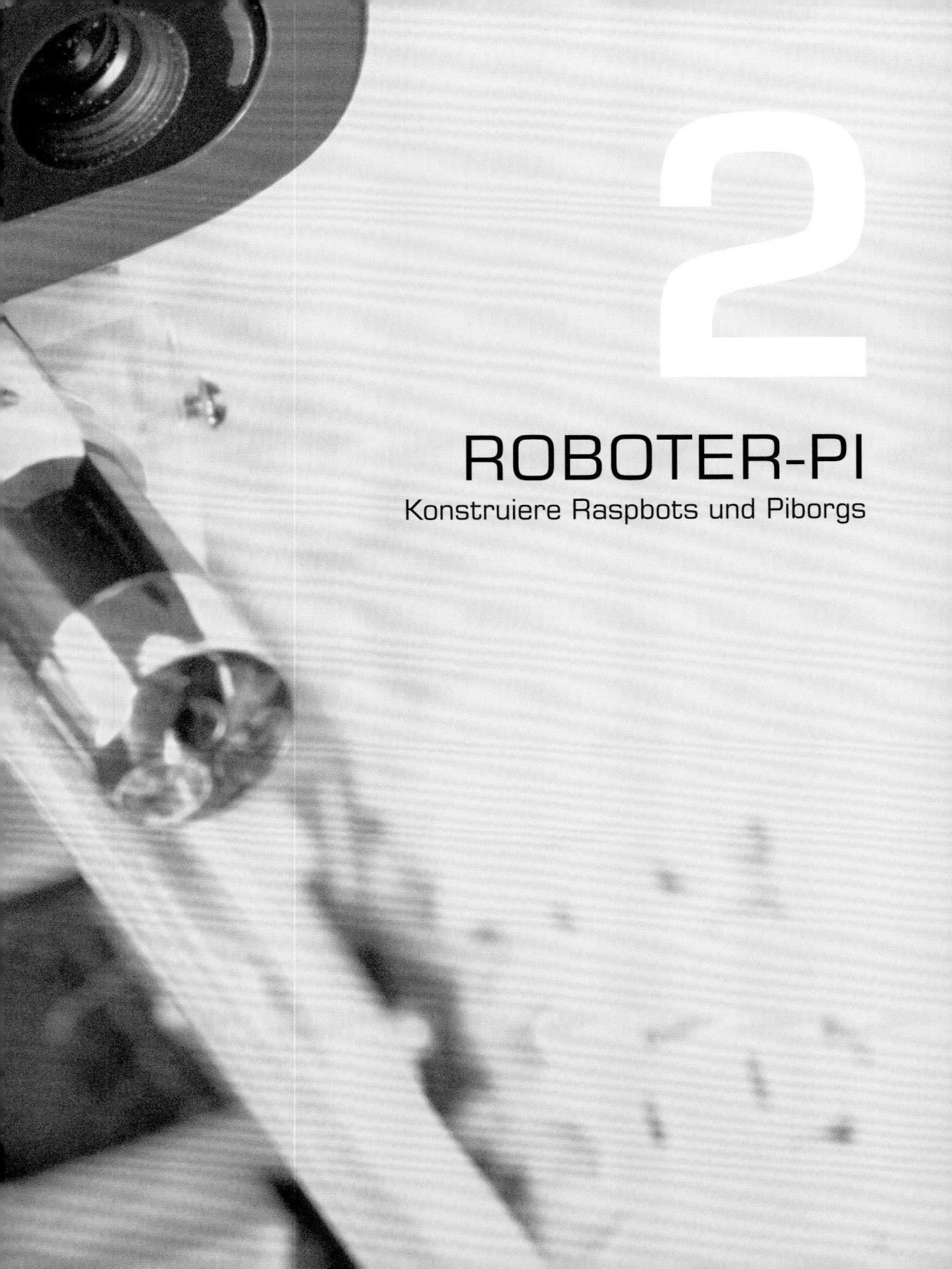

2

ROBOTER-PI
Konstruiere Raspbots und Piborgs

Pi-Fernglas

Was kommt heraus, wenn man einen Raspberry Pi,
ein Pi-Kameramodul, einen LCD-Touchscreen und
ein Fernglas kombiniert?

DATEN

BAUMEISTER	Josh Williams
BAUZEIT	10 Stunden
BAUKOSTEN	etwa 85 €
SCHWIERIGKEIT	leicht

Ein Pi-Kameramodul ist auf der Linse des Fernglases angebracht, sodass es »durchschauen« kann. Der Raspberry Pi nimmt das Bild dann auf.

MATERIALIEN

→ Fernglas
→ Raspberry Pi (jedes Modell)
→ Raspberry Pi-Kameramodul
→ Raspberry Pi-Kamerakabel (mittlere Länge)
→ AdaFruit 2.8" PiTFT kapazitiver Touchscreen
→ Micro-SD-Speicherkarte (4 GB+)
→ USB-WLAN-Stick
→ Lineal oder Messschieber
→ Birkensperrholz (6mm dick, Platte ca. 25 x 25cm)
→ Lasercutter
→ 2 kleine/mittlere Gummibänder
→ Isolierband
→ 3 x M2 x 25 mm Metallgewindeschrauben und Muttern
→ 10cm Strohhalm
→ AA-Batterien-Gehäuse (4 Zellen) mit USB-Ausgang
→ 4 x AA-Batterien

Das Projekt

Joshs Pi-Fernglas-Projekt wurde geboren, als er mit seiner Frau im Auto unterwegs war. Auf langen Fahrten wird Josh schnell langweilig. Vom Lesen wird ihm übel, also hält er immer nach Beschäftigung Ausschau. Diesmal hatte er einen Raspberry Pi mit Kameramodul, ein Fernglas und Klebeband dabei, also kombinierte er alles und bezog den Strom vorerst vom Auto: »Es war hässlich, hat aber funktioniert!«

Der bescheidene Prototyp ließ sich verfeinern, indem etwa alles über eine mit Lasercutter ausgeschnittene Birkenholzplatte verbunden und mit vier AA-Batterien betrieben wurde.

Es fand sich auch eine praktische Methode, um die Bilder auf dem Touchscreen anzuzeigen und Fotos zu machen, da Adafruit Industries und Phillip Burgess Scripts und ein Raspberry Pi-Betriebssystem für genau diesen Zweck erstellt haben.

Was macht man aus dieser Idee?
Du brauchst keinen Lasercutter und präzise zurechtgeschnittenes Birkenholz für ein Pi-Fernglas. Josh hat auch Anleitungen für schnelle, einfache Versionen aus Leichtschaumplatte und Isolierband: nicht so robust und schön, funktioniert aber genauso.

< 51 >

Der Baumeister

Josh Williams ist ein 35-jähriger Maker aus Ann Arbor, USA. Als hauptberuflicher Schulungsleiter in Makerspaces zeigt er Leuten, wie sie Werkzeuge sicher einsetzen, und entwickelt Workshops für Kinder. In diesen Workshops wurde alles von Armbändern bis hin zu Filzmonstern und Origami-Roboter-Kranichen gebastelt.

Josh bekam den Raspberry Pi ursprünglich von seinem Schwiegervater geschenkt. Der niedrige Preis ermöglichte es ihm, freier als mit teureren Plattformen zu experimentieren. Inzwischen hat er eine Reihe spannender Projekte entwickelt, darunter die Bodenkamera (auf S. 110–113) und einen LEGO® Minecraft® Ev3 Creeper-Roboter (bisher sein Lieblingsprojekt).

Die Elektronik des Pi-Fernglases sitzt auf Birkensperrholz, aber eine Leichtschaumplatte tut es auch.

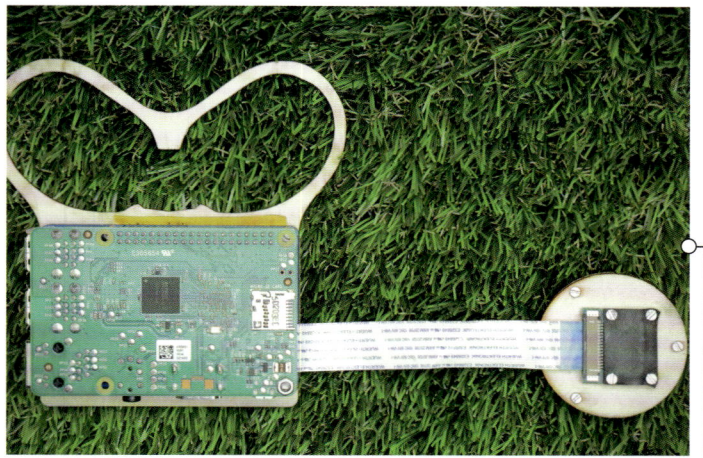

TIPPS

● Messschieber sind genial, wenn du genau messen musst. Ein Lineal tut es zur Not auch, aber bei kleinen Entwürfen, die in etwas anderes hineinpassen müssen, sparst du dir mit einem Messschieber Zeit.

● Baue einen Prototyp aus einfachen Materialien. Es ist toll, wenn du an einen Lasercutter kommst. Doch ein Prototyp aus Karton oder Schaumplatten geht oft schneller und zeigt die Problemstellen, bevor man Zeit in die »perfekte« Version steckt.

● Miss alles doppelt. Für dieses Projekt ging es um den Abstand zwischen der Kamera und dem Raspberry Pi, bevor man das Kamerakabel kauft — die normale Version wäre zu kurz gewesen.

Es lohnt sich, den nötigen Abstand zwischen Kamera und Pi zu vermessen. Dieser Entwurf benötigte ein mittellanges Kamerakabel.

Mit Joshs Pi-Fernglas kannst du Bilder auf dem Touchscreen anzeigen und Fotos machen. Perfekt für einen Spaziergang!

< 53 >

RoboCroc

RoboCroc aus einem Standard-Baukasten und
einer Kindersandale zeigt, wie zugänglich der
Raspberry Pi sein kann.

DATEN

BAUMEISTER	Mark Norwood
BAUZEIT	2 Tage
BAUKOSTEN	etwa 55 €
SCHWIERIGKEIT	leicht

Das Projekt

Mark baute RoboCroc mit einem CamJam Edukit 3. Dieser Baukasten enthält die Hauptbestandteile, die man braucht, um einen Roboter zu bauen. Man muss also nur einen Raspberry Pi, eine Stromquelle und ein Gehäuse hinzufügen (in diesem Fall eine abgelegte Kindersandale).

Mark will eine kleine Unterrichtseinheit im BattleBots-Stil für seine Schüler entwickeln, wobei sie ihre eigenen Roboter designen, bauen und programmieren sollen. Die Roboter werden mit hinten befestigten Ballonen ausgerüstet und mit einer Reißzwecke bewaffnet, um die Ballons ihrer Gegner platzen zu lassen. RoboCroc war ein Prototyp für dieses Projekt.

Obwohl CamJam sämtlichen Python-Code bereitstellt, der für den Baukasten benötigt wird, entschied sich Mark, ihn in Scratch zu übertragen, das für seine Schüler die zugänglichere Programmiersprache ist. Als recht unerfahrener Programmierer brauchte Mark allerdings etwas Zeit, um alles mit Scratch anstelle von Python zum Laufen zu bringen.

MATERIALIEN

→ Raspberry Pi (jedes Modell)
→ CamJam Edukit 3
→ 2 x AA-Batterien zur Versorgung der Motoren
→ leichtes Netzteil zum Betrieb des Raspberry Pi
→ Computer zum Ansteuern des Raspberry Pi über WLAN
→ Roboter-Gehäuse (in diesem Fall eine alte Sandale, ein Lineal und etwas Klebstoff!)

Diesen einfachen Plastik-Bot kann man so programmieren, dass er einer Linie auf dem Boden folgt, sich zufällig bewegt, Hindernissen ausweicht oder von einer Person ferngesteuert wird.

//

Der Code

RoboCroc erweckt einen GPIO-Pin mit Scratch-Code zum »Leben«, aber das lässt sich auch mit Python erreichen. Sobald man weiß, wie man einen GPIO-Pin per Code »anschaltet«, kann man jeden beliebigen Code in Verbindung mit einem ähnlichen Projekt nutzen.

//

< 55 >

RoboCrocs »Gehirn« ist
ein Raspberry Pi mit WLAN-
Verbindung, der in der
Sandale steckt.

Schwieriger war es schon,
den Raspberry Pi an Bord
fernzusteuern. Da ein Roboter
ohne Monitor, Tastatur und
Maus auskommen muss,
entschied sich Mark, über einen
Laptop mit VNC-Software und
WLAN auf den Pi zuzugreifen.
Allerdings hatte das Betriebssystem Raspbian gerade das
Upgrade zu Jessie erhalten.
Es war zwar ein tolles Upgrade,
sorgte jedoch dafür, dass die
VNC-Befehle, die Mark online
fand, nicht mehr funktionierten.
Letztlich erhielt er online aber
viel Hilfe.

Der Baumeister

Mark Norwood ist Lehrer in
Leighton Buzzard, England. In
den letzten 15 Jahren unter-
richtete er junge Leute, die von
der allgemeinen Schulbildung
ausgeschlossen wurden.

Während dieser Zeit unterrich-
tete er eine Vielzahl an Themen,
darunter führte er auch Informatik an der kleinen Schule ein,
an der er arbeitet. Dafür wollte
Mark einen Lehrplan schaffen,
der Kinder mit verschiedensten
Verhaltensstörungen anregen
und einbeziehen würde.

< 56 >

TIPPS

- Sei erfinderisch mit den Materialien, aus denen du Roboter baust. Marks Sohn nahm eine leere Bierkiste (die Mark leer getrunken hatte, nicht sein Sohn!).

- Kopiere nicht blind Code. Bei vielen Projekten geht es ums Lernen. Versuche zu verstehen, was jede Zeile Code macht und warum, auch wenn sie nicht von dir stammt.

- Wenn du Hilfe brauchst, wende dich an die Online-Community. Es gibt offizielle Foren auf der Webseite der Raspberry Pi Foundation und viele andere Gruppen, etwa auf Google+.

Der Raspberry Pi ist seitdem für Mark ein unersetzliches Unterrichtsmaterial. Bei seinen persönlichen Projekten geht es immer darum, ob er ein Konzept in den Unterricht übertragen kann.

Für Mark ist das Schöne an Pi-Projekten, dass man Hindernisse überwindet, das Projekt umsetzt und es dann noch einmal optimiert. Es macht außerdem Spaß, dass die jungen Leute, die er unterrichtet, dieselbe Begeisterung spüren, wenn sie selbst ein Projekt zum Laufen bringen.

Man muss einiges verdrahten, um einen Roboter wie RoboCroc zum Laufen zu bringen, aber für das CamJam Edukit 3 gibt es zum Glück sehr viel Support.

Was macht man aus dieser Idee?

Ein Roboter braucht schlicht zwei Motoren, die man ein- und ausstellen kann, was sich normalerweise über eine Motorsteuerung an den GPIO-Pins realisieren lässt. Sobald du das hinbekommst, steht dir eine ganze Welt der Projekte, Geräte und Erfindungen offen. Warum nicht gleich mal den anfängerfreundlichen Box-Bot auf S. 68–73 bauen?

< 57 >

Kamerapanzer

Der Kamerapanzer ist der Traum eines jeden Bastlers:
Ein per Smartphone gesteuerter Panzer, der Videos
streamt und Softair-Munition verschießt!

DATEN

BAUMEISTER	Chen Lu
BAUZEIT	200 Stunden
BAUKOSTEN	etwa 250 €
SCHWIERIGKEIT	mittel

Das Projekt

Der Kamerapanzer ist ein Projekt, das Chen schon seit Jahren bauen wollte. Am Anfang stand seine Begeisterung für Panzer: Er hat viele maßstabsgetreue Modelle gebaut, aber keines war funktionsfähig. Die vorgefertigten ferngesteuerten Spielzeugpanzer auf dem Markt gefielen ihm nicht. Er hatte auch schon relativ erfolglos Spielzeugpanzer modifiziert. Das änderte sich, als Chen einen 3-D-Drucker bekam, mit dem er eigene Teile herstellen konnte.

Das Projekt war eine Herausforderung, aber es war auch Chens erstes mit dem Raspberry Pi. Da er in keinem der benötigten Bereiche Experte war (und in einigen Anfänger), wusste er nicht alles. Zum Beispiel kannte er die Formeln für Zahnräder und Hebel nicht, also probierte er erst einfach herum. Auch Programmieren war ihm neu, daher musste er recherchieren und sich alles über verschiedenste Anwendungen anlesen, bis er herausfand, was er brauchte. Das Wesentliche ist für ihn, dass man keine Angst vor dem Scheitern hat und es weiterhin versucht.

Bei so viel Mühe überrascht es nicht, dass Chen froh ist, den Kamerapanzer zum Laufen gebracht zu haben. Er ist auch der Pi-Community dankbar, die

Der Geschützturm des Kamerapanzers neigt sich, sodass er flexibler zielen kann.

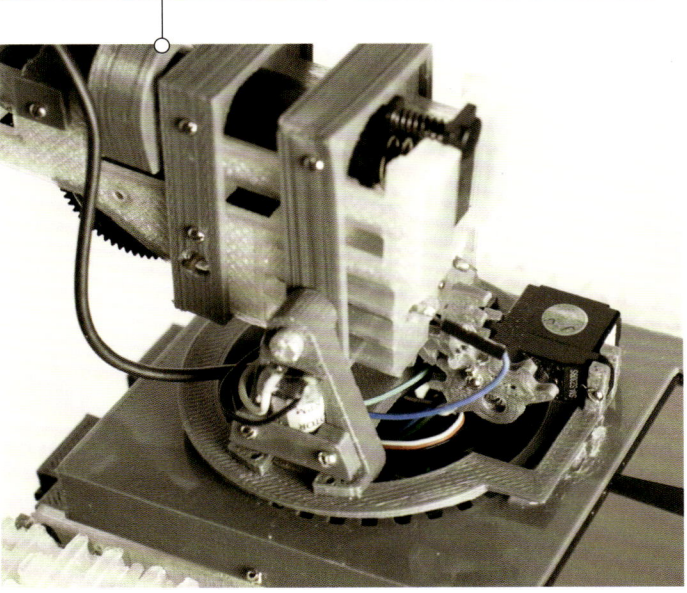

< 59 >

ihm half, alles zu lernen, was er brauchte, und Probleme zu lösen – durch die Community musste er nicht ganz von null anfangen.

Nachdem Chen sein Projekt online veröffentlicht hatte, wurde es auf etlichen Maker-Webseiten gezeigt, was nicht nur das Projekt würdigte, sondern zweifelnde Freunde auch davon überzeugte, dass er nicht nur seine Zeit und sein Geld verschwendete.

Chens Leidenschaft fürs Basteln wurde weiter geschürt, als er den Kamerapanzer auf Maker-Treffen mitnahm und sah, wie begeistert die Kinder ihn beobachteten.

Nachdem sein Kamerapanzer fertig war, baute Chen mit dem Pi noch ein Media Center, einen NAS-Server und etwas Heimtechnik. Eine erweiterte Version des Panzers ist auch geplant!

Eine Webcam oben streamt Videos über eine Smartphone-App.

< 60 >

Chen hätte bei der nächsten Version des Raupenantriebs aus dem 3-D-Drucker gern eine Kette für mehr Bodenhaftung.

TIPPS

- Setze dir eine Deadline. Wettbewerbe sind gut – auf Maker-Webseiten gibt es oft welche, die dir eine Deadline setzen (und wo du etwas gewinnen kannst!).
- Bitte um Hilfe. Du bekommst während des Projekts vielleicht Probleme, aber vermutlich sind auch andere schon darauf gestoßen und haben Lösungen, die sich leicht umsetzen lassen.
- Du kannst die Kosten dieses Projekts minimieren, indem du mit einem Spielzeugpanzer anfängst, anstatt dir 3-D-Teile auszudrucken.

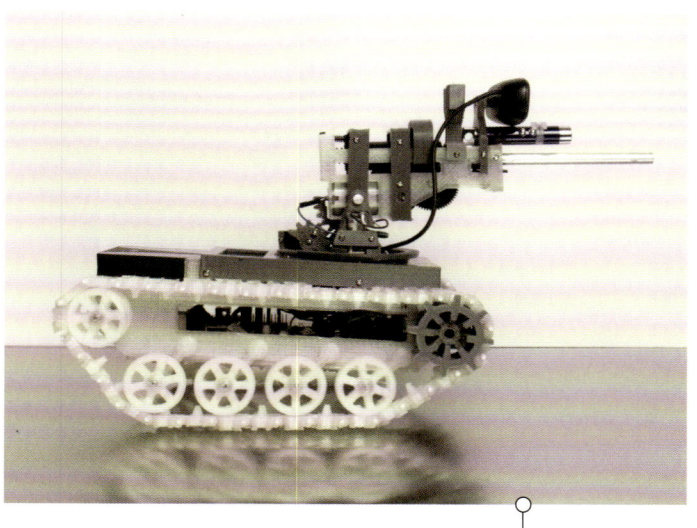

Federn drücken als simple Aufhängung von oben auf die Achse. Damit kann der Panzer Hindernisse überwinden.

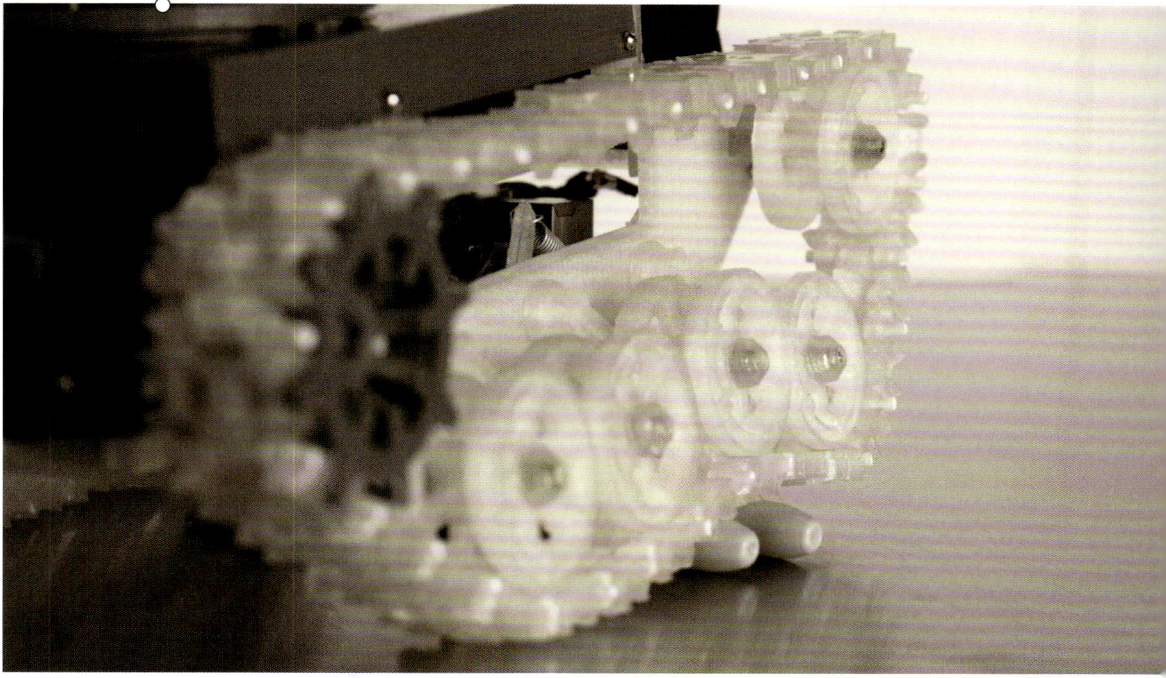

Der Baumeister

Chen Lu ist aus Jinan in China, arbeitet aber als UX(user experience)-Designer in Louisville, USA. Als Kind war er immer neugierig, wie die Dinge funktionierten, und nahm beinahe jedes elektronische Gerät auseinander, das er auftreiben konnte, analysierte es und baute es wieder zusammen.

Während er auf den Abschluss in Elektrotechnik hinarbeitete,

erkannte Chen, dass ihm vor allem die kreative Seite der Elektronik Spaß machte. Daraufhin strebte er einen Master in Industriedesign am SCAD (Savannah College of Art and Design) an, wo er Wissen über Design und Ingenieurskunst erlangte, das er in seinen Projekten anwenden konnte.

Das Waffensystem des Kamerapanzers besteht aus einer abgespeckten automatischen Airsoft-Waffe und einem Stahlstab als Rohr.

Was macht man aus dieser Idee?

Da man den Kamerapanzer aus der Ego-Perspektive mit dem Smartphone fährt, hat er viele praktische Anwendungen, etwa ansonsten unerreichbare Bereiche erkunden oder Haus-Sicherheit. Es gibt auch einige alberne Einsätze, etwa Spiele mit Katze oder Hund oder einfach Spaß mit Freunden.

Man kann einen Spielzeugpanzer kaufen, aber ein eigener auf Pi-Basis macht mehr Spaß!

< 62 >

Raspberry Pi HAL 9000

Ein Raspberry Pi, ein paar Standardkomponenten und ein schickes Acrylgehäuse ergeben zusammen den berüchtigten Computer aus *2001: Odyssee im Weltraum*.

DATEN

BAUMEISTER	Djordje Ungar
BAUZEIT	monatelanges Organisieren, gefolgt vom Bau in 2 Tagen
BAUKOSTEN	etwa 85 €
SCHWIERIGKEIT	mittel

Wenn man das Innere eines Projekts aufgeräumt und gut gesichert gestaltet, hält und funktioniert es möglichst lange.

MATERIALIEN

→ Raspberry Pi Model B

→ Raspberry Pi-Stromkabel

→ USB-WLAN-Stick (mit Antenne)

→ drahtlose Mini-Lautsprecher

→ digitale USB-Webcam mit 6 LEDs

→ ca. 3 mm dicke, schwarze Acrylplatte (etwa 40 x 20 cm)

→ externe USB-Soundkarte

→ Weitwinkel-Adapter

→ Metallic-Sprayfarbe

Das Projekt

Der Raspberry Pi HAL 9000 von Djordje Ungar ist wie sein Namensvetter ein »**H**euristisch programmierter **AL**gorithmischer Computer«. Das ist die witzige Definition eines digitalen Assistenten, der mit Jasper betrieben wird, der Open-Source-Plattform für stets einsatzbereite, sprachgesteuerte Anwendungen.

Wie der Name verrät, nimmt Djordjes Schöpfung die Gestalt von HAL 9000 an, dem manischen und merkwürdig liebenswerten Kultcomputer aus Stanley Kubricks Sci-Fi-Klassiker *2001: Odyssee im Weltraum* (1968). Der Raspberry Pi HAL 9000 äußert viele Sprüche, für die sein Filmvorbild berüchtigt ist!

Raspberry Pi HAL 9000 ist mit WLAN, Webcam, Mikrofon und Bluetooth-Lautsprecher ausgestattet. Man kann ihm Sprachbefehle geben, ihn z. B. bitten, das Wetter anzusagen, nachzuschauen, ob es neue Mails gibt, oder eine WAV-Datei abzuspielen, einen Schnappschuss mit der Webcam zu machen und vieles mehr.

///

Der Code

Scripts und Software verwandeln den Raspberry Pi HAL 9000 vom hübschen Modell in einen funktionierenden megalomanischen Computer: Djordjes Scripts, um .WAV-Dateien vom Mikrofon aufzuzeichnen und Screenshots der Webcam zu speichern, kann man sich herunterladen. Man muss auch Jasper installieren (jasperproject.github.io).

///

< 65 >

Als Djordje zum ersten Mal von synthetischer Sprache hörte, kam ihm sofort der Gedanke, einem Heimcomputer die Stimme von HAL 9000 zu verleihen. Das war lange, bevor der Raspberry Pi herauskam, deswegen schlummerte die Idee vor sich hin, aber Djordje wurde den Gedanken an seinen eigenen machthungrigen Computer nicht mehr los.

Sobald der Raspberry Pi da war und digitale Assistenten wie Siri, Alexa und OK Google auftauchten, klang die Grundidee des Raspberry Pi HAL 9000 immer attraktiver für den ehrgeizigen Maker. Als Djordje auf Jasper stieß, war es so weit:

Er konnte das Potenzial des Raspberry Pi für die Schöpfung seines eigenen HAL 9000 heranziehen.

Der Raspberry Pi HAL 9000 war Djordjes erstes größeres Projekt mit dem handlichen Pi. Anstatt gleich vorzupreschen, verbrachte er einige Zeit damit, sich mit der Technik vertraut zu machen.

Djordje informierte sich auch genau über HALs einzigartiges Äußeres und sah sich Dutzende Filmbilder aus dem Kubrick-Film an. Ursprünglich hatte Djordje vor, HAL 9000 genau nachzubauen, aber er erkannte schnell, dass er die Authentizi-

tät, die er sich vorstellte, ohne die Filmrequisite vor Augen nicht erreichen würde. Stattdessen entschied er sich für einen Entwurf, der dem echten HAL sehr ähnelte.

Das Projekt beeindruckt zwar auch auf technischer Ebene, sticht aber vor allem durch den hohen Produktionsstandard des Gehäuses hervor.

Der Baumeister

Tagsüber ist Djordje Ungar Programmierer, doch bei Nacht nennt er sich »digitaler Alchemist«. Das passt, um alles zusammenzufassen, was ihn interessiert, denn er verbringt seine Zeit als Hobbykünstler, Animator, Musiker, Spieleentwickler, Hacker und Bastler.

Djordje sagt, er führe ein »digitales Labor« für Programmier-Experimente, in dem er vielseitige Kunstwerke schafft, oft mit technischen oder spielerischen Themen.

Djordje lässt sich aber nicht von Definitionen einengen: Er widmet sich allen kreativen Dingen und dem Prozess, Ideen umzusetzen, seien es Spielefiguren, Roboter oder Programme.

Wenn du ein Projekt entwirfst, das in einem Gehäuse steckt, denke daran, dass du rund um den Raspberry Pi zusätzlichen Platz für alle Kabel und Sticks brauchst.

Was macht man aus dieser Idee?

In weiten Teilen erwächst der Charme des Raspberry Pi HAL 9000 aus seinem großartigen Gehäuse, das dem Stil des Films nachempfunden ist. Aber das Gehäuse macht auch sehr viel Mühe und kostet zusätzlich. Will man die Funktionen nachbauen, ohne so viel Zeit oder Geld zu investieren, könnte man ein vorgefertigtes Gehäuse oder sogar ein Lebensmittelgefäß nehmen.

TIPPS

● Bringe Klebeband an den Außenrändern des Gehäuses an, um es zusammenzuhalten, während du es von innen dauerhaft mit Kraftkleber zusammenfügst. Das Klebeband sorgt dafür, dass kein Kleber auf die Außenseite des Gehäuses gerät, sodass die Fugen perfekt werden.

● Falls Kleber herausläuft und das Acrylgehäuse verschmutzt, nimm eine Acryl-Polierpaste oder ein ähnliches Scheuermittel, um ihn zu entfernen. Djordje nahm Zahnpasta und Baumwollpads und rubbelte stark, um ein paar Flecken von seinem Gehäuse zu entfernen.

< 67 >

Bau los!

Box-Bot

**Würdest du gern einen einfachen Roboter bauen?
Dann hast du ihn mit dem Box-Bot gefunden und steigst
in die Welt der Pi-basierten Robotik ein.**

DATEN

BAUMEISTER	Will Freeman
BAUZEIT	2–4 Stunden
BAUKOSTEN	etwa 55 € (Pi inklusive)
SCHWIERIGKEIT	leicht bis mittel

Das Projekt

Wie beim RoboCroc (siehe S. 54–57) basiert der Box-Bot auf dem CamJam EduKit 3. Wir nutzen nur einige Bauteile für diesen Einsteigerentwurf, aber wenn man den Rest des Pakets hinzufügt, kann der Bot auch einer Linie auf dem Boden folgen, Abstände erfassen, um Kollisionen zu vermeiden, und – wenn man ihn noch etwas hackt – sogar drahtlos mit einem Videospielcontroller gesteuert werden. Vielleicht willst du ja sogar Zusatzfunktionen einfügen, die nicht zum ursprünglichen Paket gehören.

Der Baumeister

Will Freeman sieht sich nicht als Robotik-Experte, aber seinen schlichten Roboter hat er an nur einem Nachmittag zusammengebaut und damit bewiesen, wie mühelos der Raspberry Pi beeindruckende Technologie zugänglich macht.

TIPPS

● Wenn du in deinem Karton »vorne«, »hinten«, »links« und »rechts« markierst, kannst du einfacher bestimmen, wie herum du alles anordnen musst.

● Platzierst du etwas Gewicht über den Rädern deines Roboters, haben sie mehr Haftung: Es hilft, wenn du das Batteriegehäuse und andere Bauteile im Inneren über den Rädern positionierst.

● Nimm einen Karton mit festem Klappdeckel, damit du beim Bauen Zugriff auf die Teile hast, ohne dass der Karton zerfällt.

Hol dir den Code:
quartoknows.com/page/raspberry-pi

< 69 >

ANLEITUNG

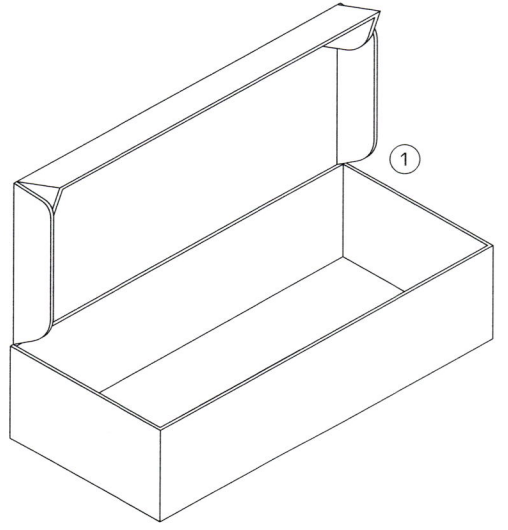

1. Wähle dein Gehäuse

Ein Karton ist ein guter Roboter-Körper, wenn
der Raspberry Pi, das Batteriegehäuse und die
Kabel hineinpassen. Falls du nicht willst, dass der
Roboter an einem Kabel hängt, brauchst du Platz
für zusätzliche Teile.

2. Motoren und Räder anfügen

Befestige die Motoren, Räder und die Kugelrolle
auf der Unterseite der Kiste, sichere sie mit
doppelseitigem Schaumdichtband. Die Räder
sitzen vorne, die Kugelrolle hinten. Schneide –
wie in der Illustration gezeigt – zwei kleine
Löcher in die Unterseite der Kiste, damit du die
Motorenkabel durchfädeln kannst.

3. Schließe das Motor Controller Board an

Das Motor Controller Board wird mit den GPIO-
Pins des Raspberry Pi 3 wie gezeigt verbunden.
Hast du ein anderes Pi-Modell mit abweichender
Pin-Anzahl, schau auf die Cambridge Raspberry
Jam-Webseite, um die Details zu erhalten.

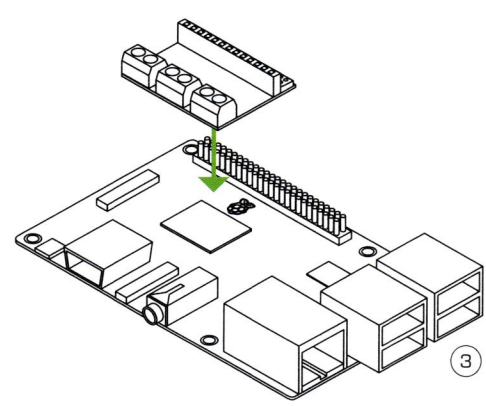

< 70 >

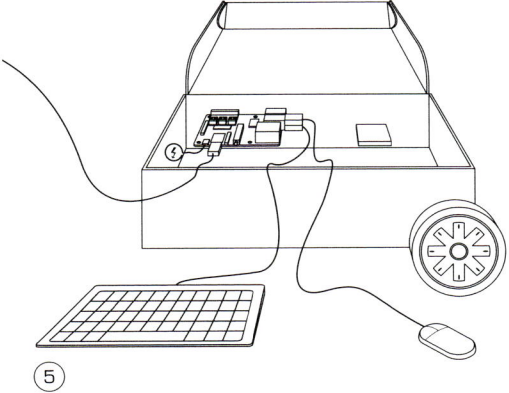

4. Verdrahten

Sorge dafür, dass die Batterien drin sind, das Batteriegehäuse aber abgeschaltet ist. Die Kabel des Batteriegehäuses müssen wie gezeigt verbunden werden. Verbinde den rechten Motor mit »Motor A« auf dem Motor Controller Board, den linken Motor mit »Motor B«. Vorerst ist egal, welcher Draht in welchem Anschluss steckt.

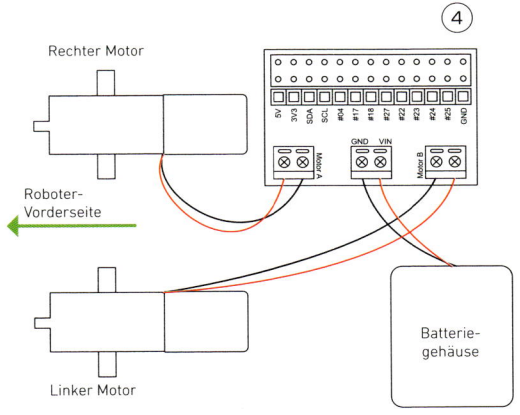

Rechter Motor

Roboter-Vorderseite

Batterie-gehäuse

Linker Motor

5. Die Räder programmieren

Die GPIO-Pins des Raspberry Pi steuern die Räder. Wir nutzen GPIOs 9 und 10, um Motor A (Motor rechts) zu steuern, für Motor B (Motor links) GPIOs 7 und 9. Versorge den Pi mit Strom, Bildschirm, Maus und Tastatur. Gib folgende Befehle in das Terminal-Fenster ein, um ein Verzeichnis für den Code des Roboters zu erstellen:

```
cd ~
mkdir EduKitRobotics
cd EduKitRobotics
```

Tippe Folgendes ein, um ein neues Python-Script im Nano-Editor zu erstellen:

```
nano 3-motors.py
```

Gehe auf die Webseite dieses Buches und gib den Code *Box Bot 1* aus diesem Projekt ein. Anschließend drücke *Strg+X,* dann *Y,* gefolgt von *Eingabe,* um die Datei zu speichern.

< 71 >

6. Teste die Räder

Während dein Roboter noch an Maus, Tastatur und Monitor hängt, schalte das Batteriegehäuse ein. Halte den Bot hoch, damit die Räder nicht auf dem Boden sind, und gib Folgendes ins Terminal-Fenster ein (um das Python-Script zu starten):

```
sudo python3 3-motors.py
```

Beide Räder sollten eine Sekunde lang vorwärts laufen. Dreht sich ein Rad in die falsche Richtung, vertausche die beiden Drähte, die den Motor des Problemrads mit dem Motor Controller Board verbinden. Sobald beide Räder richtig laufen, kann dein Bot geradeaus vorwärts fahren!

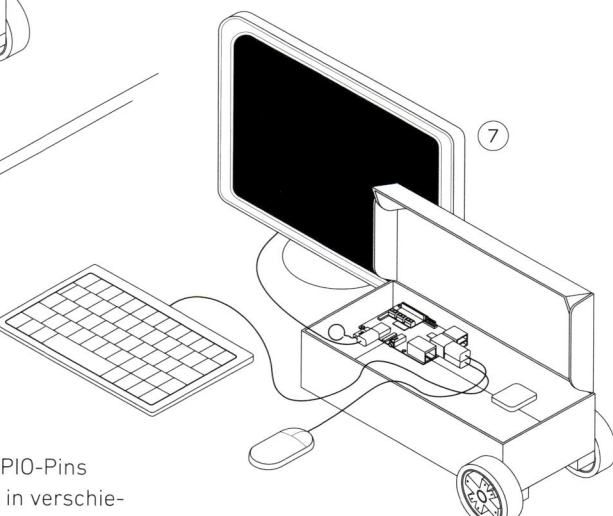

7. Lenkung

Jeder deiner Motoren nutzt zwei GPIO-Pins deines Pi. Schaltet man diese Pins in verschiedenen Kombinationen aus und ein, kann der Roboter sich vorwärts, rückwärts, nach rechts und links bewegen. Schreib ein weiteres Python-Script in Nano, indem du Folgendes in das Terminal-Fenster eingibst:

```
cd ~/EduKitRobotics
nano 4-driving.py
```

Gehe wieder auf die Webseite dieses Buches und gib den *Box Bot 2*-Code ein. Anschließend drücke wieder *Strg+X*, dann *Y*, gefolgt von *Eingabe*, um die Datei zu speichern.

Gib Folgendes in ein Terminal-Fenster ein, um den Code auszuführen (dein Roboter wird sich nicht bewegen, aber den Code nach Fehlern durchsuchen):

```
sudo python3 4-driving.py
```

< 72 >

8. Bewegung

Um den Roboter zu bewegen, änderst du den Code, den du im vorigen Schritt eingegeben hast. Füge folgende Zeilen an, gleich vor der letzten Zeile des Codes, in der es **GPIO.cleanup()** heißt:

```
Forwards()
time.sleep(1)
Backwards()
time.sleep(1)
StopMotors()
```

Jetzt führe das Script mit **python3 4-driving.py** erneut aus. Dein Roboter wird sich eine Sekunde vorwärts bewegen, dann eine Sekunde rückwärts. Sorge dafür, dass dein Raspberry Pi-Stromkabel lang genug ist.

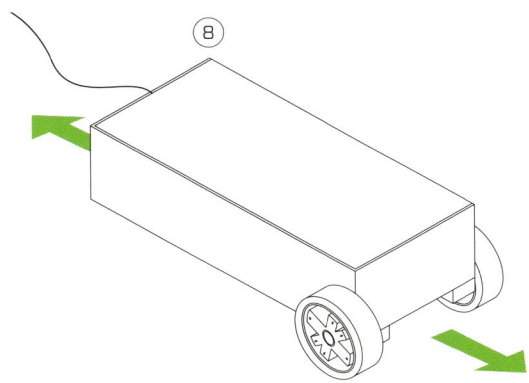

9. Selbst steuern

Um nach links und rechts zu steuern, passt du den Code erneut an. Editiere den **driving.py**-Code ein letztes Mal, sodass er mit dem *Box Bot 3* Code der Webseite übereinstimmt: Bestimmt fallen dir neue Zeilen für Bewegung nach links und rechts auf.

Führe den Code wieder aus (mit **Python3 4-driving.py**). Dein Bot sollte sich in Schlangenlinien bewegen.

Ändere die Zahlen hinter **time.sleep** im letzten Abschnitt des Codes. Sie legen fest, wie lange – in Sekunden – der Roboter in verschiedene Richtungen fährt.

So kannst du den Roboter einer Route folgen lassen, bevor du zur CamJam-Webseite gehst (camjam.me), um zu erfahren, wie du dein Projekt weiterentwickelst.

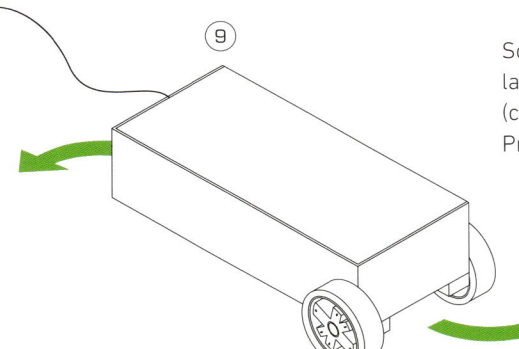

< 73 >

3

GAME-PI
Baue eigene Spielkonsolen

PIK3A Retro-Spieltisch

Spanner Spencers Wochenend-Projekt macht aus einem Billig-Tischchen ein feines Arcade-Erlebnis.

DATEN

BAUMEISTER	Spanner Spencer
BAUZEIT	1 Wochenende
BAUKOSTEN	etwa 100 €
SCHWIERIGKEIT	leicht bis mittel

Wenn du entscheidest, wo dein Bildschirm, Stick und die Buttons hinkommen, überlege dir unbedingt, was für dich bei langen Spielstunden am bequemsten ist.

MATERIALIEN

→ Raspberry Pi 3
→ Micro-SD-Karte
→ IKEA-Tisch »Lack«
→ 17" 4:3 LCD-Monitor
→ Ball-Top-Arcade-Joystick
→ Arcade-Buttons
   (4 Spielknöpfe,
   1 Münzknopf)
→ 1 »Spieler«-Button
→ USB-Encoder für den
   Joystick und die Knöpfe
→ Lautsprecher
→ Lautstärkeregler
→ IEC-Netzkabel
→ IEC-Kaltgeräteeinbau-
   stecker
→ 5 V-Netzteil
→ Micro-USB-Kabel
→ 55 cm x 55 cm trans-
   parente Acrylplatte

Das Projekt

Tische, die gleichzeitig Möbelstück und Arcade-Spiel waren, fand man häufig in Cafés und Bars, als Arcade-Automaten noch das Aushängeschild der Videospielindustrie waren. Diese kultige Spielhardware wollte Spanner Spencer mit dem PIK3A-Retro-Spieltisch nachbauen.

Die Software-Anteile des Projekts waren bereits durch RetroPie abgedeckt, das Retro-Spiele auf dem Raspberry Pi zugänglich macht, indem verschiedene Emulatoren und ROMs installiert werden. Spanner brauchte aber noch etwas, um die klassische Arcade-Erfahrung nachzustellen.

//

Der Code

Für dieses Projekt gibt es keinen Code: Der PIK3A-Tisch basiert auf der RetroPie Raspberry Pi Spielesoftware, die man sich frei bei retropie.org.uk herunterladen kann.

//

< 77 >

Jeder Arcade-Stick-Mechanis-
mus zum Einbau in einen
normalen Arcade-Spielautomat
sollte in diesem Projekt
funktionieren.

Die Lösung war der »Lack«-
Tisch des schwedischen
Möbelhauses IKEA. Spanner
sägte Löcher für einen LCD-
Monitor, einen Arcade-Joystick
und Buttons in den Tisch, dann
verstaute er seinen Raspberry
Pi darin. Er deckte die Tisch-
oberfläche mit einer transparenten Acrylplatte ab, um alles
sauber zu halten. Dadurch dient
der PIK3A auch einer wichtigen
Funktion: als Tischchen zum

Abstellen von Getränken, direkt
auf dem Bildschirm.

Da PIK3A sich an einem einzelnen Wochenende basteln
lässt (sofern die Schlange bei
IKEA nicht zu lang ist!), erfreut
er sich immenser Beliebtheit.
Viele haben ihn nachgebaut und
sogar Spanner arbeitet an einer
zweiten Version für zwei Spieler
und mit TV-Ausgang, falls er
gebraucht wird.

< 78 >

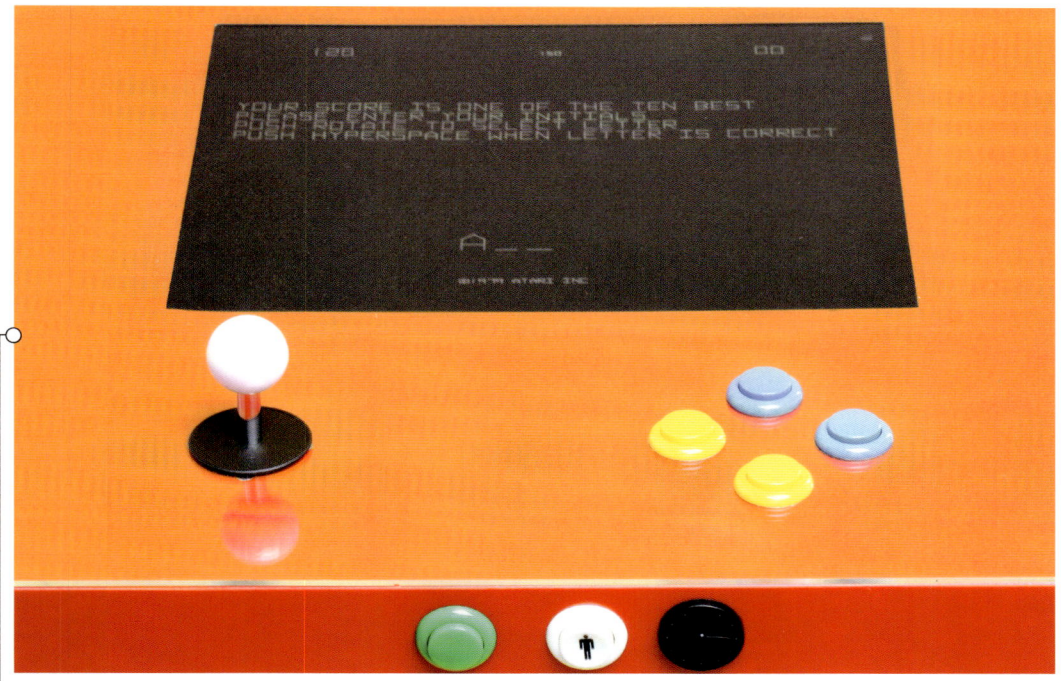

Mit der transparenten Acryl-platte bleibt Spanners PIK3A-Spieltisch als Tisch einsatzbereit und ist nicht nur Spielgerät.

Durch ein Farbschema der Buttons behält man gut im Kopf, was was ist. Hier sind die gelben Knöpfe zum Beispiel A und B, mit die wichtigsten Buttons in Arcade-Spielen.

TIPPS

● Denken vorm Bauen! Stelle den Monitor auf maximale Helligkeit und Kontrast, bevor du ihn im Tisch einbaust, denn du erreichst die Regler nicht gut (falls überhaupt), sobald alles verbaut ist.

● Wähle deine Knöpfe mit Bedacht. Der Lack-Beistelltisch ist nur 50 mm tief, sodass traditionelle Arcade-Buttons — bei denen oft ein Mikroschalter unten an einem langen Stellglied befestigt ist — hervorstehen würden. Stattdessen suche nach Knöpfen mit integriertem Mikroschalter.

< 79 >

Der Baumeister

Als Games-Journalist machte sich Spanner Spencer einen Namen in der Technikindustrie. Heute ist der ehemalige Elektrotechnik-Ingenieur Autor und Community-Manager bei *element14*, einem lebendigen Online-Portal für Elektronik-Gemeinschaftsprojekte.

Es überrascht nicht, dass Spanner sofort vom Raspberry Pi fasziniert war, als er herauskam. Das Kollektiv aus Designern, Programmierern und Kreativen, die sich um den Pi scharten, war für einen Community-Manager unwiderstehlich, besonders, da *element14* Premier Farnell gehört, der Firma, die den Raspberry Pi herstellt und vertreibt!

Was macht man aus dieser Idee?

Hat man weder Geld noch Platz für einen Spieltisch, kann man Monitor, Joystick, Buttons und Pi in so gut wie alles mit genug Innenraum einbauen. Man kann den Einbaumonitor auch weglassen und ein einfaches Gerät in Konsolengröße bauen, das man über HDMI an einen Monitor anschließt.

Spanners Tisch ist nur für eine Person, aber er entwickelt bereits eine Möglichkeit für zwei Spieler.

< 80 >

!

WARNUNG

Ein ROM kann man als Spieledatei beschreiben. Du findest klassische Retro-Spiele-ROMs zwar online, aber der Download ist illegal, sofern sie nicht gemeinfrei sind. Nintendo hat ein langes juristisches Dokument, das sich mit seinem geistigen Eigentum befasst. Dort wird klar erklärt, dass Nintendo keines seiner beliebten Spiele für gemeinfrei erklärt hat.

< 81 >

Micro-Arcade-Automat

Dieser Mini-Arcade-Automat passt auf den Schreibtisch, beherbergt Spiele-Klassiker – und einen Raspberry Pi!

DATEN

BAUMEISTER	Marco Tan
BAUZEIT	200 Stunden (darunter auch Entwurf und Entwicklung)
BAUKOSTEN	etwa 170 €
SCHWIERIGKEIT	mittel bis fortgeschritten

< 82 >

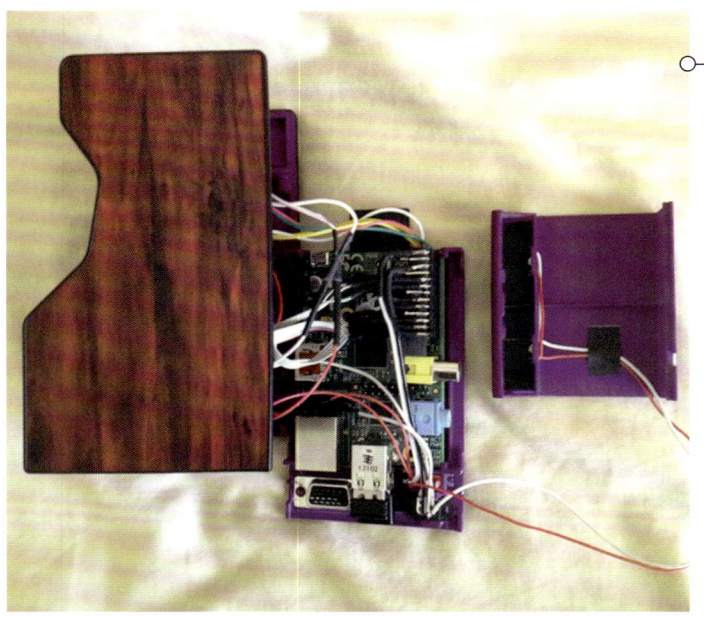

Für einen so kompakten Entwurf musste der Automat sorgfältig gestaltet werden, damit Platz für den Pi und andere Bauteile war.

Das Projekt

Als Marco einen Spielauto-maten baute, wollte er einen, der auf seinen Schreibtisch passt, damit er in Arbeits-pausen Retro-Games aus der Glanzzeit der Arcade-Spiele einschieben konnte. Dazu kombinierte er einen Raspberry Pi mit einem selbst gebauten »Mikro«-Spielautomaten aus dem 3-D-Drucker, der in eine Hand passt. Das Ergebnis ist nicht nur hübsch, sondern auch voll funktionsfähig, mit einem klaren Bildschirm, funktionie-render Steuerung, Lautsprecher und sogar winzigen Lichtern für das warme Leuchten, das einst die Spielhallen der Welt erfüllte.

Es war nicht einfach, die winzi-gen Teile zusammenzusetzen, aber es war die Mühe wert. Trotz der geringen Größe funk-tioniert Marcos Schöpfung gut in normal großen Händen, aber ein Problem bleibt – wenn man so etwas auf dem Schreibtisch stehen hat, schafft man nicht mehr so viel Arbeit!

MATERIALIEN

→ Raspberry Pi (jedes Modell)
→ Automatverkleidung und Knöpfe
→ 2.5" TFT-Monitor
→ Mini-Joystick
→ Dekorklebepapier für Tintenstrahldrucker

//

Der Code

Du brauchst kaum eine Zeile Code für dieses Projekt, musst aber etwas über Spiele-Emulatoren lernen. Ein guter Einstieg ist das Projekt Retro Games Station auf S. 96–99.

//

< 83 >

Der Baumeister

Marco fing sehr früh mit dem Basteln an. Er nahm bevorzugt seine Spielsachen auseinander, um zu sehen, wie sie funktionierten. Schon bald war er fasziniert von Elektronik und Mechanik. Bis heute pflegt der Designer und Maker aus Los Angeles diese Angewohnheit und arbeitete an einer Reihe von Projekten, darunter ferngesteuerte Geräte, ein Geigerzähler, schöne Nixie-Röhren und alle möglichen Uhren.

Trotz der vielen Details seiner Projekte ist Marco kein professioneller Ingenieur oder Programmierer. Tatsächlich ist der Mikro-Spielautomat seine erste Schöpfung mit dem Raspberry Pi, was beweist, dass man kein Experte sein oder schon lange mit dem Pi arbeiten muss, um etwas Tolles zu schaffen!

Baut man im winzigen Maßstab, ist das vielfach herausfordernd. Einige Komponenten muss man mit der Pinzette anbringen.

Indem weniger oft benötigte Buttons (wie »Start« und »Rückwärts«) vorne an den Automaten kommen, bleibt mehr Platz neben dem Joystick, damit die Finger wichtige Spiel-Buttons bedienen können.

< 84 >

Mit etwas Herumprobieren (und winzigen Lautsprechern) bringst du in einem Mini-Entwurf ordentlich Hardware unter.

TIPPS

- Teste deine Software und Hardware vor dem Zusammenbau. Dann musst du nicht wieder alles auseinandernehmen, falls du auf ein Problem stößt.

- Teile aus dem 3-D-Drucker haben eine raue Oberfläche, die du erst abschleifen musst. Für eine perfekte glatte Oberfläche kombiniere Nassschleifen mit mehreren Farbschichten.

- Wenn du mit kleinen Teilen arbeitest, achte auf eine ordentliche Arbeitsfläche über einem sauberen, festen Boden. Dann findest du Bauteile wieder, die dir hinunterfallen.

Was macht man aus dieser Idee?

Ironischerweise wird dieser Spielautomat dadurch, dass er so klein ist, ziemlich komplex und teuer. Wenn du alles vergrößerst, findest du besser verfügbare Bauteile, wodurch es insgesamt billiger wird.

< 85 >

Tragbare Spielkonsole unter 20 €

Durch den Raspberry Pi Zero kannst du dir eine voll einsatzfähige Handheld-Konsole bauen, die billiger ist als ein neues Spiel!

DATEN

BAUMEISTER	Tyler Spadgenske
BAUZEIT	15–20 Stunden
BAUKOSTEN	unter 20 € (mit Pi Zero)
SCHWIERIGKEIT	mittel bis fortgeschritten

Tylers tragbare Spielkonsole läuft mit *RetroPie,* auf dem man Spieleklassiker verschiedener Retro-Konsolensysteme spielen kann.

Das Projekt

Mit dem Pi wurden etliche Projekte mit Games-Bezug umgesetzt. Doch man wird kaum ein so günstiges finden wie Tyler Spadgenskes tragbare Spielkonsole für unter 20 €. Tyler wollte eine Handheld-Konsole bauen, auf der seine Lieblings-Spieleklassiker laufen und die ihn trotzdem nicht mehr als 20 € kosten würde.

Wie bei vielen Pi-Game-Projekten ist der Ausgangspunkt RetroPie, das Tyler auf einem Raspberry Pi Zero installierte – der kleinsten und günstigsten Version des Pi. Um zu sparen, wurden günstige Standardteile verbaut, etwa bei Batterie, Ladeschaltkreis und sogar dem kleinen LCD-Monitor. Durch Verdrahtung Marke Eigenbau wurden ebenfalls Kosten gesenkt.

MATERIALIEN

→ Raspberry Pi Zero

→ 2.4" 240 x 320 Pixel TFT-Display

→ Lithium-Ionen-Akku

→ Steckplatine zum Ausprobieren

→ 7 cm x 9 cm Lochrasterplatine

→ Ladeschaltkreis

→ Mikro-USB Breakout Board

→ 3 V–5 V DC-DC Aufwärtswandler

→ 8 einpolige Ein-/ Aus-Druckknopftaster

//

Der Code

Tylers Spielekonsole nutzt dieselbe *RetroPie*-Software wie die meisten Projekte aus diesem Kapitel. Man braucht keinen Code, sondern muss nur die Software installieren und ein paar Befehle eingeben.

//

< 87 >

Vier einfache weiße Knöpfe rechts auf dem Gehäuse erinnern an die klassische Anordnung auf der beliebten SNES von Nintendo aus den frühen 1990ern.

Was macht man aus dieser Idee?

Anstelle des selbst gebauten Gehäuses kann man ein altes Handheld-Gerät wiederverwerten. Oft wird der Pi ins Gehäuse eines Nintendo Gameboys eingebaut — eine Herausforderung!

Tyler verstaute alles in einem Gehäuse, das er mit dem 3-D-Drucker als Hommage an das ursprüngliche Super Nintendo Entertainment System (SNES) herstellte.

Natürlich kommt nicht unbedingt das edelste Endprodukt heraus, wenn man unter Sparzwang baut, aber man kann die Qualität der Handheld-Konsole locker verbessern, indem man etwas mehr ausgibt. Investieren ließe sich in ein schickeres Gehäuse, bessere Bauteile oder man erleichtert sich den

Bauprozess, indem man vorgefertigte Schaltkreise nimmt. Für Tyler bietet das günstige Gerät jedoch alles, was er sich vorgenommen hatte: Er kann seine Lieblingsspiele spielen und zwar für weniger als 20 €, den Pi eingeschlossen!

Der Baumeister

Tyler Spadgenske etabliert sich als einer der talentiertesten Pi-Bastler überhaupt: Neben diesem Entwurf ist er auch der Kopf hinter dem beliebten Tytelli Smartphone, das man auf S.162–165 sieht.

< 88 >

TIPPS

● Setzt man sich ein Limit – wie Budget oder Zeitaufwand – gewinnt der Entwurf mitunter, denn man konzentriert sich darauf, was zum Abschluss nötig ist oder was man investieren kann.

● Du hast keinen 3-D-Drucker? Viele Online-Dienste drucken auf Bestellung. Vielleicht ist es leichter als du denkst, ein Gehäuse zu bekommen. Das sprengt aber das 20 €-Budget.

● Alternativ zum Gehäuse aus dem 3-D-Drucker könntest du es mit Acryl, Holz oder sogar Karton versuchen.

Er ist jedoch offen für die Erfahrungen anderer Bastler und Raspberry Pi-Experten. Dieses Projekt wurde inspiriert durch PiGrrl von Adafruit und Ben Hecks bekanntem Raspberry Pi Portable. Tylers Schöpfung sticht durch den günstigen Preis hervor – ein Fünftel von dem, was man normalerweise für ein tragbares Spielgerät auf Basis des Raspberry Pi hinblättern muss.

Um Kosten zu sparen, druckte Tyler das schwarze Gehäuse und die weiße Steuerung selbst aus.

< 89 >

Meccano-Würfelschrein

Wilberts und Maxims Meccano-Würfelschrein löst den Zauberwürfel in nur
zehn Sekunden – und macht dabei auch
noch eine gute Figur!

DATEN

BAUMEISTER	Wilbert Swinkels & Maxim Tsoy
BAUZEIT	5 Monate
BAUKOSTEN	etwa 725 €
SCHWIERIGKEIT	fortgeschritten

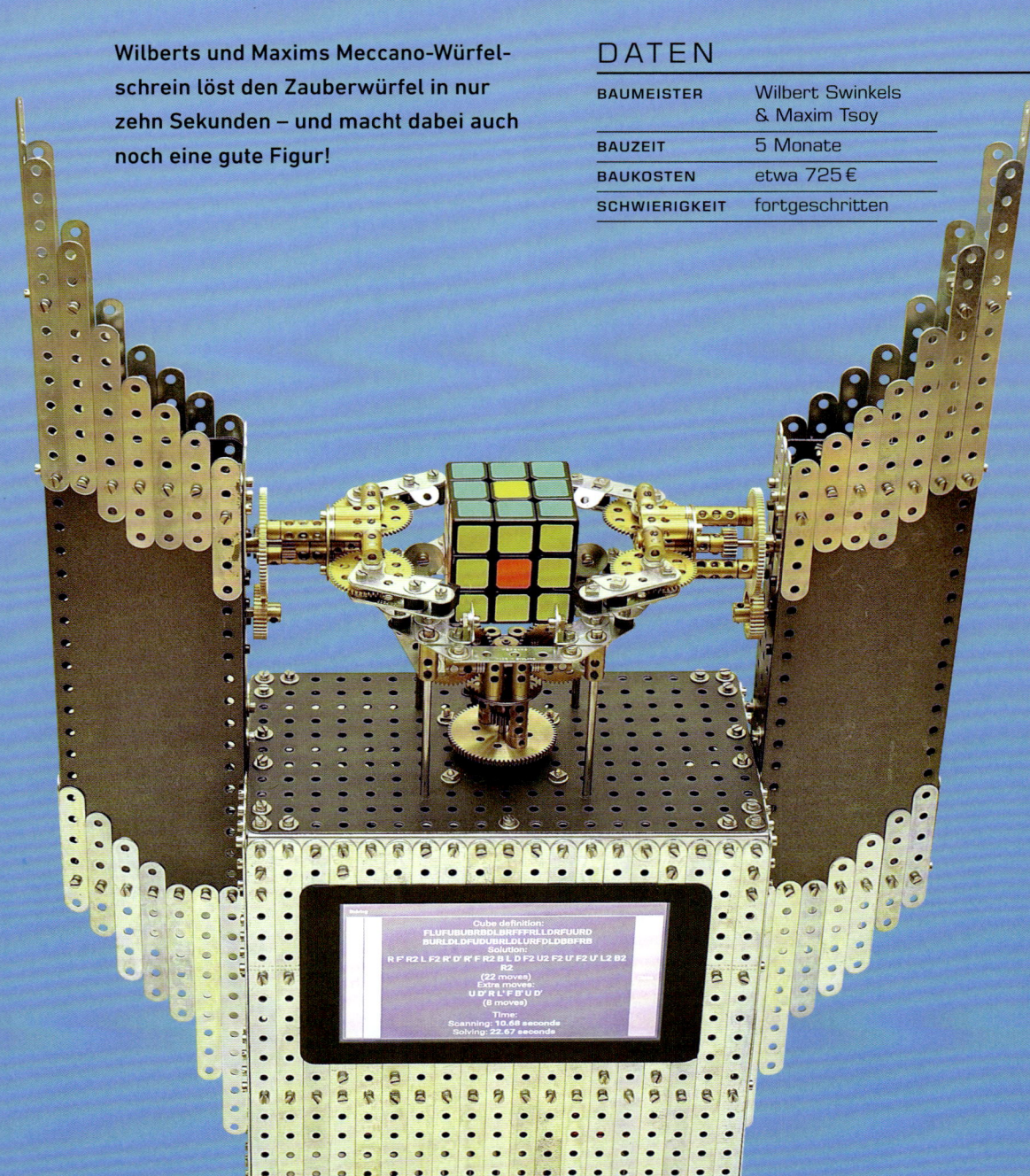

```
Cube definition:
FLUFUBUBRBDLBRFFFRLLDRFUURD
BURLDLDFUDUBRLDLURFDLDBBFRB
Solution:
R F' R2 L  F2 R' D' R' F R2 B L  D F2  F2 U2 F2 U' F2 U' L2 B2
R2
(22 moves)
Extra moves:
U D' R L' F B' U D'
(8 moves)
Time:
Scanning: 10.68 seconds
Solving: 22.67 seconds
```

Wilberts erster Würfel-Löser bestand zum Großteil aus FAC-System-Bauteilen.

Das Projekt

Wilbert Swinkels und Maxim Tsoys »Würfelschrein« ist eine Maschine zum Lösen des Zauberwürfels, die zum Großteil aus Meccano-Bauteilen besteht. Durch den Raspberry Pi kann sie eigenständig operieren und wird mit jedem verdrehten Würfel fertig. Diese Fertigkeit verschafft ihr ein Pi mit einem Kameramodul, die gemeinsam die Farben auf den Seiten des Würfels finden und erkennen. Mit dieser Information stellt ein Algorithmus die Lösung in Form einer Reihe von Würfel-rotationen bereit. Mechanische Greifer, die den Würfel halten und drehen, führen die Rotationen durch, um den Würfel zu »lösen«.

//

Der Code

Für den Würfelschrein erstellten Wilbert und Maxim eine Python/C-Version von Herbert Kociembas »Zwei-Phasen-Algorithmus« (auch Kociemba-Algorithmus genannt). Willst du etwas Ähnliches bauen, findest du den alten und den neuen Algorithmus online bei meccanokinematics.net.

//

MATERIALIEN

→ Meccano (etliche Bau-sätze von Stabilbau-kästen)
→ 6 x NEMA14 Hybrid-schrittmotoren
→ 1 x NEMA17 Hybrid-schrittmotor
→ 7 x DRV 8825 Schritt-motor-Treiber
→ Meanwell 220–240 V AC zu 24 V DC-Netzteil
→ Raspberry Pi (jedes Modell)
→ Raspberry Pi Kamera
→ Raspberry Pi 7" Touch-screen
→ Teensy 3.2 USB
→ Entwicklungsboard
→ 2 x 12 V LEDs, um den Würfel während der Farb-erkennung auszuleuchten
→ verschiedene Schalter, Einschaltknopf und Kabel

< 91 >

Der Meccano-Würfelschrein entstand aus einem früheren Entwurf, wobei die Farberkennung später schneller wurde. Trotz des beträchtlichen Gewichts der Teile wurden Beschleunigung und Verlangsamung zur Herausforderung: Der Würfel wird in zehn Sekunden gelöst, was – soweit Wilbert und Maxim wissen – der momentan schnellste Löser mit drei Greifern ist.

Kurz bevor sie ihr Projekt begannen, kündigte die Raspberry Pi Foundation ihren 7-Zoll-Touchscreen an. Das passte perfekt zu den Bauplänen und der Bildschirm funktionierte ohne Probleme. Nach ein paar Nächten hatten sie ein hübsches User-Interface mit Touchscreen in Kivy programmiert, das auch einige Würfelmuster enthielt. Statt also den Würfel von der Maschine nur lösen zu lassen, kann man sich von ihr auch einen Würfel mit einem Muster erstellen lassen.

Das Gerät steht und fällt mit der Ausrichtung der drei Greifer in Relation zueinander, da sie sich auch noch in hohem Tempo bewegen.

Farberkennung war ein Problem. Schließlich kamen selbst gebaute Sensoren zum Einsatz, denn die analogen aus dem Laden waren der Aufgabe nicht gewachsen.

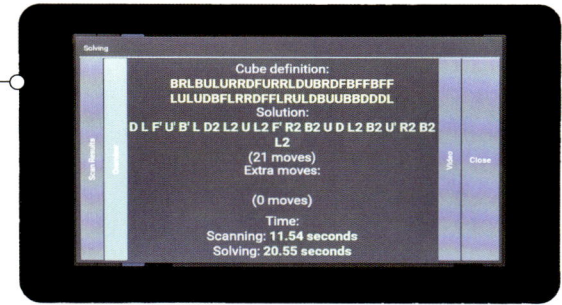

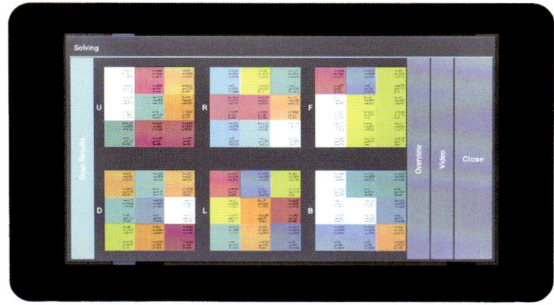

Nachdem sie ihren ersten Würfel-Löser gebaut hatten, luden Wilbert und Maxim ein Video bei YouTube hoch, das in einem Monat über 100 000-mal gesehen wurde. Die Reaktion auf diese frühe Inkarnation spornte sie an: Viele glaubten kaum, dass eine Maschine einen Zauberwürfel lösen konnte.

Der heutige Meccano-Würfel-schrein wurde erstmals auf der Internationalen Mecca-no-Ausstellung 2016 in Skeg-ness, Großbritannien, gezeigt.

Die Baumeister

Wilbert Swinkels ist ein Archi-tekt aus den Niederlanden. In jungen Jahren faszinierten ihn kreatives Bauen mit Meccano und LEGO®. Auch als Teenager war er ein geübter Modellbauer.

Im Beruf begeisterte er sich für modulare Systeme, was ihn zurück zu Meccano und den etwas komplexeren FAC-System-Baukästen führte. Diese Systeme boten Wilbert Werkzeuge für den Entwurf und Bau kinematischer Kunst, und

um die Architektur von Maschi-nen zu studieren.

Durch einen befreundeten Programmierer Maxim Tsoy erfuhr Wilbert vom Raspberry Pi. Da Wilbert nur ein wenig programmieren konnte, arbei-tete Maxim als Programmierer für den Würfelschrein. Er ent-wickelte und modifizierte den Code für dieses Projekt.

Was macht man aus dieser Idee?
Raspberry Pi-Projekte mit modularen Systemen sind eine tolle Idee. LEGO® eignet sich gut als Allround-Material. Es ließe sich einsetzen, um einen nicht ganz so teuren Zauberwürfel-Löser zu bauen, denn die Hauptarbeit erledigt hier das Programm.

< 93 >

TIPPS

● Mache dich mit dem Bausystem vertraut, das du benutzt. Es hilft auch, wenn das komplette mechanische Design ohne Bauteile auskommt, die nicht zum System gehören oder die du selbst bauen musst, denn dafür braucht man sehr viel Zeit.

● Die DRV 8825 Schrittmotor-Treiber sind klein und billig, aber du brauchst einen regelbaren Widerstand, um das Trimmpotentiometer zu regeln — und das muss man präzise machen, damit der Schrittmotor-Treiber nicht überhitzt.

Die mechanischen Greifer müssen den Würfel schnell halten und drehen, bis er gelöst ist.

< 94 >

			grab			Rotate CW	Open
Menu	Solve	Archive	Debug	release		Rotate CCW	Close
						R is opened vertical	
						Rotate CW	Open
			scan			Rotate CCW	Close
						D is opened horizontal	
			spin			Rotate CW	Open
						Rotate CCW	Close
						Table is raised	
			shoot			Raise	Lower

Maxims Programmierfertigkeiten
ergänzen Wilberts mechanische
Talente und machen dieses
Projekt so spektakulär.

< 95 >

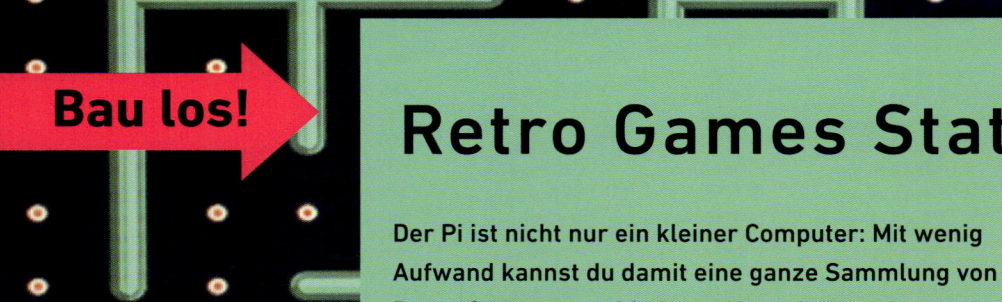

Bau los!

Retro Games Station

Der Pi ist nicht nur ein kleiner Computer: Mit wenig Aufwand kannst du damit eine ganze Sammlung von Retro-Games verschiedener Konsolen spielen.

DATEN

BAUMEISTER	Will Freeman
BAUZEIT	1–2 Stunden
BAUKOSTEN	60 €
SCHWIERIGKEIT	leicht

MATERIALIEN

→ Raspberry Pi (jedes Modell)
→ USB-Stick
→ USB-Tastatur und -Maus
→ USB-Gamepad (oder -Kontroller deiner Wahl)
→ Ethernet-Kabel/ WLAN-Stick
→ 8 GB Micro-SD-Karte
→ Gehäuse für deinen Pi (optional)
→ HDMI-Kabel

Das Projekt

Es gibt zahlreiche zeitlose Videospiel-Klassiker. Doch wie kann man auf diese historischen Kultspiele zugreifen? Klar kann man in alte Konsolen investieren, angestaubte Spielekassetten aufstöbern und mit der Original-Hardware loslegen. Oder du verwandelst deinen Pi in eine Retro Games Station.

Dafür musst du einen sogenannten »Emulator« nutzen, der im Grunde den Pi glauben macht, er sei ein anderer Computer. Zum Beispiel würde ein Super Nintendo Emulator dafür sorgen, dass der Pi sich verhält wie ein Super Nintendo, sodass darauf heruntergeladene Super-Nintendo-Spiele oder ROMs laufen (du darfst aber nur legal herunterladbare ROMs nutzen).

Die Retro Games Station kann es allerdings noch etwas besser: Damit verhält sich dein Pi wie eine ganze Reihe klassischer Spielkonsolen statt nur einer einzelnen Maschine.

Der Baumeister

Will Freeman ist Spielejournalist und ein begeisterter Sammler von Retro-Spielen. Er gesteht, von Arcade-Spielen besessen zu sein, und arbeitet oft an seinem Aufstieg auf der Bestenliste klassischer Shoot-'em-up-Games. Will ist auch einer der Autoren dieses Buches und seit den ersten veröffentlichten Prototypen ein großer Fan des Pi.

! WARNUNG

Du kannst zwar für eine ganze Reihe klassischer Spiele online ROMs finden, aber nicht alle sind offiziell gemeinfrei. In diesem Fall ist es illegal, sie herunterzuladen.

Hol dir den Code:
quartoknows.com/page/raspberry-pi

< 97 >

1. Lade RetroPie herunter

Für diesen Entwurf nutzen wir eine freie Software namens RetroPie. Gehe mit dem Laptop oder Desktop-PC auf retropie.org.uk/download und wähle – basierend auf deinem Raspberry Pi-Modell – die Version von RetroPie, die du benötigst. Du lädst ein »SD Image« herunter, was ein kompletter System-Build auf dem Raspbian-Betriebssystem des Raspberry Pi ist.

Nach dem Download musst du die Datei extrahieren, d. h. die .gz-Datei in eine .img[image]-Datei konvertieren, um sie zu benutzen. Das erledigst du mit einem Programm wie 7-Zip (von www.7-zip.org).

2. Speichere RetroPie auf eine SD-Karte

Als Nächstes installierst du die Image-Datei auf eine Micro-SD-Karte. Schiebe dazu als Erstes die SD-Karte in den Kartenleser deines Computers (wenn nötig mit Adapter) und formatiere sie mit SD Formatter, das du dir bei www.sdcard.com herunterladen kannst.

Anschließend kopiere mit Etcher das RetroPie-Image auf die Micro-SD-Karte. Etcher ist eine freie Software für Windows, macOS und Linux. Man kann sie auf etcher.io herunterladen.

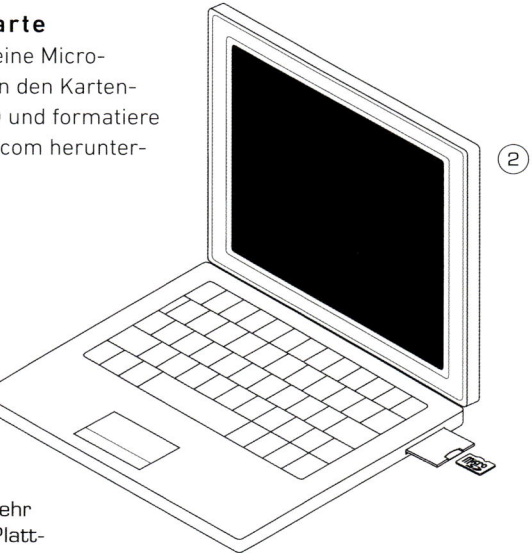

TIPPS

● Schau dir die Webseite von RetroPie an, um mehr über Emulatoren, ROMs und den Einsatz der Plattform zu erfahren.

● Behalte das blinkende Hinweislicht des USB-Sticks im Auge. Dann ziehst du ihn nicht heraus, bevor die Spiele bereit sind.

● Du kannst die Idee auch in einem eigenen Gehäuse verbauen, um eine Spielmaschine im Stil der tragbaren Spielkonsole, des Micro-Arcade-Automaten oder des PIK3A-Retro-Spieltischs aus diesem Kapitel zu bauen.

< 98 >

3. Konfiguriere deinen Controller

Nimm die SD-Karte aus deinem Computer und stecke sie in deinen Pi. Stecke USB-Controller, Tastatur und HDMI-Kabel ein, dann das Stromkabel, um die Maschine anzuwerfen – RetroPie wird automatisch laufen.

Wenn du das zum ersten Mal machst, hast du die Gelegenheit, deinen Game-Controller zu konfigurieren. Du kommst zur sogenannten EmulationStation, dem Frontend, über das du auf RetroPie zugreifst.

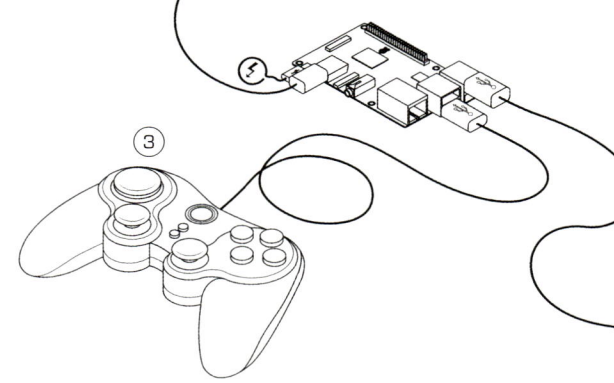

4. Installiere deine ROMs

Mit Desktop-PC oder Laptop suchst du die ROMs der gewünschten Spiele. Die gibt es überall im Internet, aber stelle sicher, dass du die Spiele auch herunterladen und benutzen darfst.

Am einfachsten bringst du die ROMs mit einem USB-Stick zu RetroPie. Der Stick muss für FAT32 oder NTFS formatiert sein. Erstelle einen Ordner namens »retropie« auf dem Stick. Stecke den Stick in deinen laufenden Pi und warte, bis keine Lichter mehr blinken: Dadurch wird ein Unterordner namens »roms« angelegt. Nimm den USB-Stick heraus und stecke ihn in deinen Computer. Kopiere die ROMs in den »roms«-Ordner unter dem Spielsystem-Namen, der zur Spieledatei passt (es gibt einzelne Ordner für jedes Spielsystem).

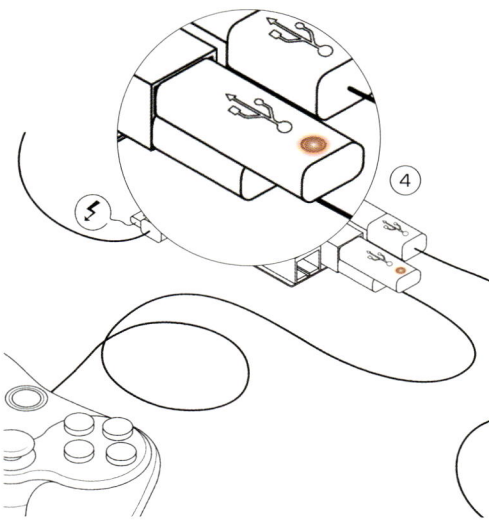

5. Spiele deine Games!

Entferne den Stick mit den ROMs aus deinem Computer und stecke ihn wieder in den Pi. Nachdem die Aktivitätsanzeige auf dem Stick nicht mehr blinkt (das kann etwas dauern), starte EmulationStation neu. Alle ROMs sollten nun spielbereit sein, jeweils unter dem Spielsystem gelistet, auf dem sie laufen.

< 99 >

Bau los!

Robuster Minecraft®-Server

Mit einem Raspberry Pi als Minecraft-Server können du und deine Freunde zusammen spielen.

DATEN

BAUMEISTER	Daniel Lemire
BAUZEIT	1 Stunde (abhängig von der Wartezeit)
BAUKOSTEN	etwa 45 €
SCHWIERIGKEIT	mittel

< 100 >

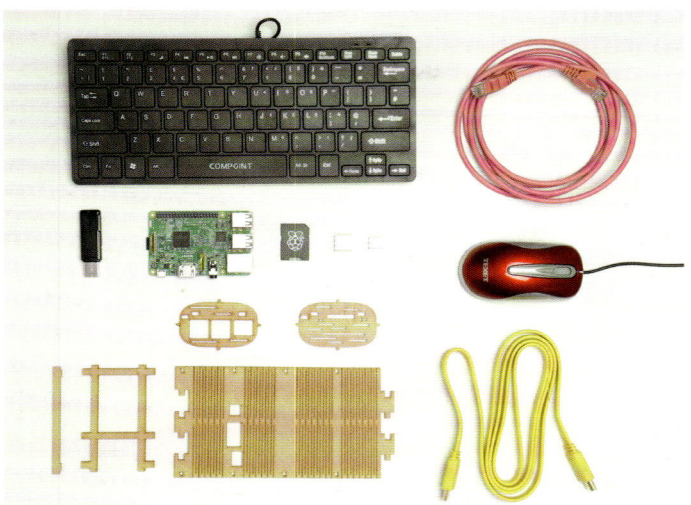

MATERIALIEN
→ Raspberry Pi (jedes Modell)
→ Ethernet-Kabel
→ Gehäuse (optional)
→ Desktop-PC oder Laptop (Windows oder Mac)

Das Projekt

Minecraft ist vor allem ein Kreativwerkzeug und Kreativität wird oft besser, wenn man zusammenarbeitet. Spielt man online mit Freunden, kann das Bauen und Entdecken sehr viel mehr Spaß machen. Es gibt viele Server, auf die man gehen kann. Aber was, wenn du Minecraft mit einer bestimmten Mixtur aus Mods und Ressourcenpaketen genießen willst, die kein Server derzeit bietet? Oder wenn du mit bestimmten Leuten spielen willst, die du kennst? Oder wissen willst, wie Minecrafts Innenleben funktioniert?

Die Antwort lautet: Bau einen persönlichen Minecraft-Server. Dazu brauchst du nicht einmal eine spezielle Computerausstattung – du kannst auf einem Pi einen robusten Server laufen lassen!

Der Baumeister

Daniel Lemire, der sich als »Techno-Optimist« beschreibt, ist Informatik-Professor an der Universität von Quebec, Kanada. Daniels Beruf ist aber nicht die einzige Inspirationsquelle für seine Projekte. Seine Kinder sind begeisterte Gamer und ergebene Minecraft-Fans. Als Daniel die Möglichkeit

sah, einen leicht erreichbaren, zuverlässigen und günstigen Minecraft-Server für sie zu bauen, ergriff er die Gelegenheit. Das Ergebnis ist sein Minecraft-Server auf Basis des Raspberry Pi.

TIPPS

● Nimm ein Ethernet-Kabel. Auch wenn man eine WLAN-Verbindung nutzen kann, macht ein Ethernet-Kabel deinen Server zuverlässiger.

● Dieser Server soll mit der PC-Version von Minecraft laufen, nicht mit der Pi-Version (die bereits eine Multiplayer-Möglichkeit enthält).

● Da Router eine Firewall zwischen den Pi und das Internet stellen, kann man auf den Server nur vom internen (Heim-)Netzwerk aus zugreifen.

Hol dir den Code:
quartoknows.com/page/raspberry-pi

< 101 >

1. Setze deinen Pi auf

Auf dem Raspberry Pi sollte die neueste Version von Raspbian laufen. Hänge ihn an Monitor, Maus, Tastatur und Stromversorgung (siehe S. 34).

Verbinde den Pi über ein Ethernet-Kabel mit deinem Netzwerk (siehe S. 35). Ändere den Usernamen des Pi nicht, sondern bleibe beim voreingestellten »pi«.

Öffne ein Terminal-Fenster und gib folgenden Befehl ein. Er braucht vielleicht mehr als eine Zeile im Terminalfenster, muss aber als eine Textzeile eingegeben werden:

```
sudo apt-get install netatalk
screen avahi-daemon
```

Drücke *Eingabe* und der Befehl installiert Packages, die du für den Server brauchst. Um zu testen, ob die Installation erfolgreich war, gib den Befehl **screen -list** in das Terminal ein – bekommst du die Nachricht »No Sockets found«, hat es geklappt. Falls es aber »no screen command« gibt, musst du den vorherigen Schritt wiederholen.

2. Konfigurationseinstellungen

Öffne das Konfigurations-Tool des Pi **(mit sudo raspi-config)** und mache folgende Änderungen:

Expand FileSystem: Gib dem Minecraft-Server Zugang zur ganzen SD-Speicherkarte.
Change Use Password: Ändere das voreingestellte Passwort des Pi (»raspberry«).
Enable Boot to Desktop/Scratch: Wähle *Console Autologin*, damit sich der Pi automatisch einloggt und nicht zum Desktop hochfährt.
Internationalization Options: Konfiguriere Zeit und Ort.
Overclock: Ist diese Option verfügbar, setze das Overclocking auf Maximum.
Advanced Options → Memory Split: Setze den Speicher für den Grafikprozessor auf mind. 16.
Advanced Options → SSH: Sieh nach, ob der SSH-Server aktiviert ist.

Verlasse das Konfigurations-Tool, öffne ein Terminal-Fenster, tippe **sudo reboot** und drücke *Eingabe,* um den Pi neu zu starten.

3. Mach es »headless«

Gehe an deinen Hauptcomputer, den du mit SSH (Secure SHell) verbindest. Das ermöglicht eine sichere Verbindung mit einem weiteren Gerät im selben Netzwerk – dem Raspberry Pi in diesem Fall. Windows-Anwender nutzen die Software PuTTY (verfügbar unter www.putty.org), um auf ihren Pi zuzugreifen, während Mac-Anwender **ssh pi@raspberrypi.local** in den Computer-Terminal eingeben.

Jetzt kann man über seine »bash shell« von außen auf den Pi zugreifen und Monitor, Tastatur sowie die Maus ausstecken. Der Pi läuft nun »headless«. Aus dem Home Directory auf dem Pi erzeuge mit dem Befehl **mkdir minecraft && cd minecraft** ein Verzeichnis, in das du deine Minecraft-Dateien installierst.

< 102 >

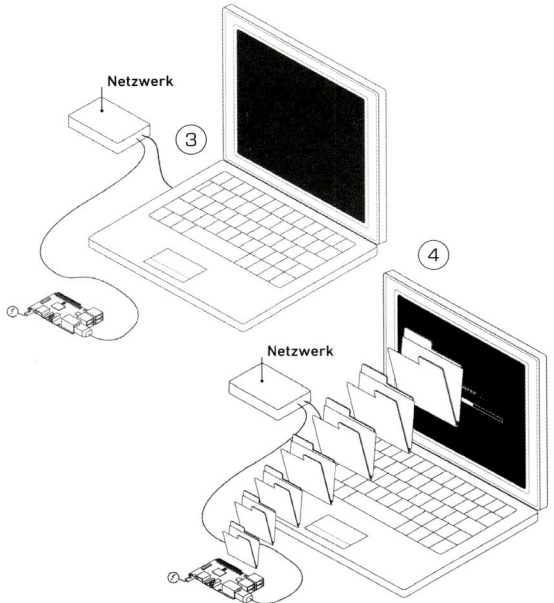

5. Starte den Server

Du nimmst jetzt den Server mit dem Befehl **`java -jar -Xms512M -Xmx1008M spigot-1.9.jar nogui`** in Betrieb. Dadurch wird eine Datei namens *eula.txt* erstellt. Öffne sie mit dem Befehl **nano eula.txt** und editiere sie zu *eula=true*.

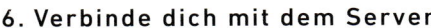

Lass den Server erneut laufen (mit **`java -jar -Xms512M -Xmx1008M spigot-1.9.jar nogui`**) und stelle dich auf eine lange Wartezeit ein. Erscheint die Eingabeaufforderung erneut, ist der Server einsatzbereit.

6. Verbinde dich mit dem Server

Starte Minecraft und verbinde dich mit dem Server *raspberrypi.local* (auf einem Windows-PC musst du erst »Bonjour Printer Services for Windows« installieren). Teste, ob alles richtig läuft und gib den letzten Befehl ein: **stop**.

Jetzt hast du einen Minecraft-Server gebaut! Um den Server zu optimieren und anzupassen (und um zu lernen, wie du ihn ohne SSH-Verbindung betreibst), schau auf Daniels Webseite: Die Details findest du hinten im Buch.

4. Setze den Server auf

Der Server basiert auf Spigot, einem modifizierten Minecraft-Server. Du holst dir die Build-Datei von Spigot mit folgendem Befehl (pass auf, ihn in einer einzigen Zeile einzugeben, auch wenn er im Browser mehrere Zeilen braucht):

```
wget https://hub.spigotmc.
org/jenkins/job/BuildTools/
lastSuccessfulBuild/artifact/
target/BuildTools.jar
```

Nach dem Download setzt du den Server mit dem Befehl **`java -jar BuildTools.jar`** auf.

Nach langer Wartezeit solltest du sehen, dass etliche Dateien erstellt wurden. Gib den Befehl **`ls spigot*.jar`** ein, um den Dateinamen deiner Spigot-Datei zu bestätigen. Wir gehen von einer »1.9«-Datei aus – diese Zahl wird in den Befehlen von Schritt 5 benutzt. Siehst du eine andere Zahl, keine Sorge – ersetze nur »1.9« in den Befehlen durch deine Spigot-Dateinummer.

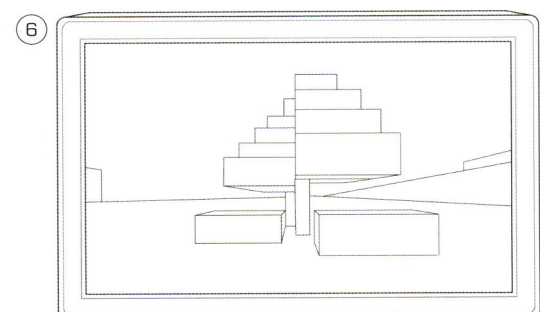

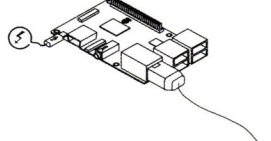

< 103 >

4

EXPERIMENTAL-PI

Trage zur Wissenschaft bei

Batinator

Der »Batinator« sieht zwar aus
als käme er aus Dr. Frankensteins
Labor, ist aber ein schlaues Gerät
zur Fledermausbeobachtung.

DATEN

BAUMEISTER	Martin Mander
BAUZEIT	etwa 20 Stunden
BAUKOSTEN	etwa 75 €
SCHWIERIGKEIT	mittel

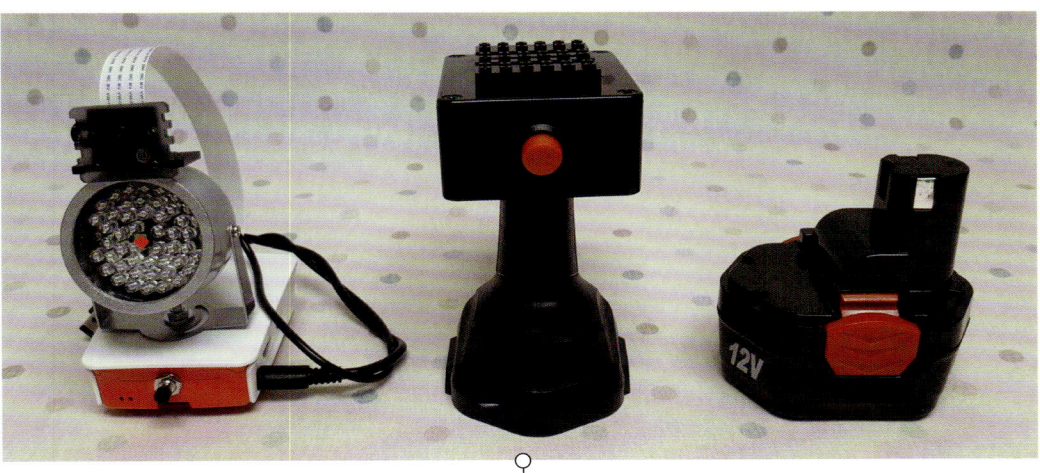

Das Projekt

Wie viele Maker brachte Martin Mander für sein tragbares Fledermausbeobachtungsgerät, das er den »Batinator« nennt, mehrere Elemente zusammen.

Unten am Gerät sind Griff und Akku einer 12-Volt-Bohrmaschine, die nicht nur Strom liefern, sondern es auch gut in der Hand liegen lassen. Damit es »im Dunkeln sieht«, kommen ein Raspberry Pi und ein Pi-NoIR-Kameramodul in Verbindung mit einer

Der Batinator besteht aus anderen Geräten und beweist, dass ein ehrgeiziges Projekt nicht immer Spezial-Bauteile braucht.

48-LED-Infrarot-(IR)-Leuchte zum Einsatz: Die Leuchte enthüllt die Fledermäuse, ohne sichtbares Licht abzugeben, während der Batinator mit der Spezialkamera bis zu zwei Stunden Videomaterial aufzeichnet, mit 90 Einzelbildern pro Sekunde.

//

Der Code

Durch etliche Versuche gelang es Martin, für die Kamera den Code von *Average Man Vs Raspberry Pi* umzuarbeiten. Martins Code kann man direkt verwenden oder zur ursprünglichen Version zurückkehren, die ihn inspirierte, und sie selbst bearbeiten: Das könnte den Entwurf robuster machen und du lernst bestimmt einiges dabei.

//

MATERIALIEN

➜ Raspberry Pi 2
➜ Pi-NoIR-Kameramodul
➜ USB-WLAN-Adapter
➜ erweitertes Kameramodul
➜ 48-LED-Infrarot-Leuchte
➜ kurzes Micro-USB-Kabel
➜ Raspberry-Pi-Gehäuse
➜ Drucktaster (Schließer)
➜ 2 Drahtbrücken, um Taster mit GPIO-Pins zu verbinden
➜ Gehäuse für die 12 V-Elektronik
➜ Kippschalter zur Steuerung der Stromversorgung
➜ 12 V-Autosteckdose
➜ 12 V auf 5 V USB-Spannungswandler
➜ 12 V-Kabelstecker
➜ 12 V-Akkuschrauber

< 107 >

Vom Programmieren bis zur Montage ist der Batinator ein einfaches Gerät, das eifrige Baumeister mühelos nachbauen können, vor allem, weil Martin online genaue Anleitungen zur Verfügung stellt. Es gab jedoch einige Tücken, besonders als es darum ging, den Batinator voll tragbar und leistungsstark genug zu machen, um eine gute IR-Beleuchtung zu generieren.

Der Baumeister

Martin war schon immer an der Welt um ihn herum interessiert und werkelt ständig mit dem Raspberry Pi – seine Projekte Internet-Radio und Media Center siehst du auf S. 148–151 und S. 166–171. Als er mehr über Fledermäuse herausfinden wollte, zog er die Raspberry Pi-Technologie heran, die ihm half, sich diese erstaunlichen Flugtiere näher anzuschauen.

TIPPS

● Teste alle Teile einzeln, bevor du alles zusammenbaust: Es nervt, am Ende festzustellen, dass etwas locker sitzt oder kaputt ist.

● Verbinde einige Schalter im Voraus mit Drahtbrücken. Dann testest du die GPIO-Inputs des Pi leichter, denn du weißt vorab, ob ein Schalter funktioniert.

● Drucke dir das Diagramm der GPIO-Pinbelegung des Raspberry Pi groß aus. Es hilft, wenn ein solches Diagramm vor einem an der Wand hängt, während man mit der Lötausrüstung jongliert oder der Computerbildschirm voller offener Fenster mit entstehendem Code ist.

Hübsch ist es nicht, aber es funktioniert, die Innen-Bauteile mit Heißkleber zu befestigen. Sogar kommerziell vertriebene Geräte nutzen diese Technik.

Ein offizielles Raspberry Pi-Gehäuse befindet sich zwischen LED-Leuchte und Akku, um den Pi zu schützen.

< 108 >

Eine Infrarot-LED-Matrix
hilft dem Pi-NoIR-Kamera-
modul, die Fledertiere
aufzunehmen, wenn sie bei
Abenddämmerung losfliegen.

Was macht man aus dieser Idee?

Mit dem Batinator findet man etwas über die Tiere heraus, die im
Garten, Park oder dem Umland bei Nacht die Luft bevölkern. Viele seiner
Grundprinzipien regen dazu an, ein eigenes kamerabasiertes Pi-Projekt
zu starten: eine Kamerafalle für Tiere, ein Nachtsichtgerät oder eine
Überwachungskamera.

< 109 >

Bodenkamera

Die Bodenkamera kombiniert den Pi mit
einem Dokumentscanner, um Zeitraffer-
Videos der unsichtbaren Welt unter unseren
Füßen zu erstellen.

DATEN

BAUMEISTER	Josh Williams
BAUZEIT	5–10 Stunden
BAUKOSTEN	etwa 85 €
SCHWIERIGKEIT	mittel

MATERIALIEN

→ Raspberry Pi Model B
→ SD-Speicherkarte (Klasse 10, 16–32GB)
→ USB-Hub mit eigener Stromversorgung
→ Ethernet-Kabel
→ Flachbettscanner
→ USB-Kabel für den Scanner
→ Aquarium-Silikon
→ Reinigungsalkohol
→ Mikrofaser-Lappen
→ Küchenrolle
→ kleine Schaufel
→ Eimer

Die Bodenkamera ist ein tolles Projekt für Schüler: Durch Technik erfahren sie mehr über die Umwelt.

Das Projekt

Die Bodenkamera ist ein wasserdicht verpackter Scanner, der unter der Erde vergraben und mit einem Raspberry Pi verbunden ist. Alle paar Minuten scannt er die Erde. Am Ende jedes Tages wird automatisch ein Zeitraffervideo aus diesen Bildern erstellt und online gepostet.

Die Ergebnisse demonstrieren, wie verbunden alles Leben ist. Erde ist genauso wichtig wie Wasser und ebenso lebendig. Doch viele sind sich nicht bewusst, was dort vorgeht: Wir können nicht hineinschauen. Daher stellen wir uns darunter keinen dreidimensionalen Raum vor, durch den Pflanzen und Tiere sich bewegen.

Josh begann mit einer Kombination aus Webcam und Aquarium, aber die Ergebnisse waren schlecht. Eine gute Lösung für die Beleuchtung musste her. Nach Diskussionen mit anderen Leuten kam der Scanner ins Spiel. Dank seiner eigenen Lichtquelle war er ideal, musste aber wasserdicht gemacht werden (indem man ihn mit Aquarium-Silikon versiegelte)

//

Der Code

Programme für das Betriebssystem Linux dienen oft dazu, Daten von einem Programm in ein anderes zu schicken. Das Script für dieses Projekt ist hocheffizient, denn es schickt Daten direkt vom Scanner-Programm an das Programm ImageMagick.

//

< 111 >

und die Erde musste platt an die Glasplatte gedrückt werden.

Bei diesem Projekt lernte Josh viel über das Linux-Betriebssystem des Raspberry Pi und außerdem, wie wichtig Erde ist. Technik kann Menschen großartig mit der Natur verbinden, besonders, wenn die Beobachtung ohne Technik sehr mühsam wäre: Bisher haben mehr als eine Million Leute Joshs »life of soil« (»Leben im Erdreich«)-Zeitraffer-Videos gesehen.

Der Erfolg dieses Projekts beruht mit auf der geringen Größe des Raspberry Pi und darauf, dass er leise ist und dadurch ideal geeignet, rund um die Uhr zu laufen. Bevor er den kleinen Computer einsetzte, waren Joshs Projekte mit Laptops verbunden, die sehr viel größer waren, mehr Strom brauchten und mit ihren lauten Lüftern ständig an ihre Präsenz erinnerten.

Falls du einen Scanner vergraben willst, musst du alle kleinen Löcher und Ritzen versiegeln.

Der Baumeister

Josh Williams aus Ann Arbor, USA, arbeitet in Maker Spaces. Wenn er nicht den Einsatz von Werkzeugen und Technologien demonstriert, versucht er, seine Frau und seine wachsende Familie beim Wandern, Campen und Herumfahren auf der ganzen Welt einzuholen.

TIPPS

- Willst du eine Boden-kamera bauen, kaufe vielleicht einen gebrauch-ten Scanner. Das spart nicht nur Geld, sondern vermeidet auch Müll. Der Scanner muss aber mit SANE (www.sane-project.org/sane-supported-devices.html) kompatibel sein.

- Überlege dir, wo du den Scanner vergraben willst. Gräbst du ihn draußen ein und versorgst ihn über ein USB-Kabel mit Strom, hat das meist ein Limit von 7–10 Metern. Du brauchst auch eine Zugangsmöglichkeit, denn das USB-Kabel führt vom Pi im Hausinneren zum Scanner draußen.

- Hast du vor, den Scanner länger als einen Tag zu vergraben, musst du alle Ritzen mit Aquarium-Sili-kon versiegeln. Verwende unbedingt diese Sorte, denn sie enthält keine pilzhemmenden Chemika-lien, die die Umwelt rund um deinen Scanner beein-trächtigen könnten.

Hängt man den Pi an einen vergrabenen Scanner, öffnet er das Fenster in eine Welt, die man sonst kaum sieht.

Was macht man aus dieser Idee?

Ist dein Bett wirklich sauber? Platziere den Scanner mit der Platte nach unten auf den Laken und nimm einen Tag lang Bilder auf — die Scans zeigen dir kleine Dinge, von denen du vielleicht gar nichts wissen willst!

< 113 >

GroveWeatherPi

Diese modulare Wetterstation
kann nach Belieben einfach
oder komplex sein, sodass man
daraus vom Schulprojekt bis hin
zur Wissenschaftsstudie alles
machen kann.

DATEN

BAUMEISTER	John C. Shovic
BAUZEIT	unterschiedlich
BAUKOSTEN	unterschiedlich
SCHWIERIGKEIT	mittel

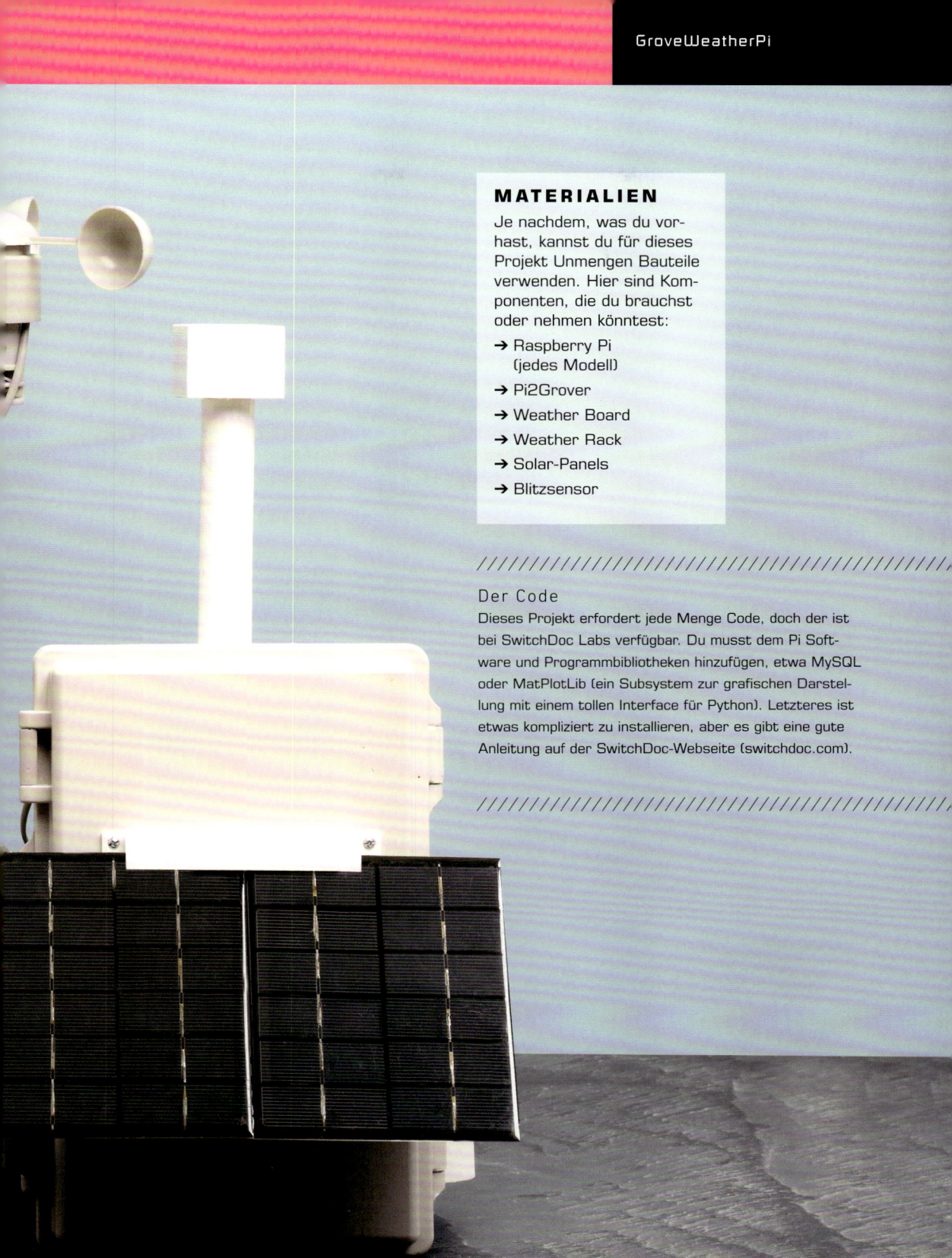

MATERIALIEN

Je nachdem, was du vor-
hast, kannst du für dieses
Projekt Unmengen Bauteile
verwenden. Hier sind Kom-
ponenten, die du brauchst
oder nehmen könntest:

→ Raspberry Pi
   (jedes Modell)
→ Pi2Grover
→ Weather Board
→ Weather Rack
→ Solar-Panels
→ Blitzsensor

Der Code

Dieses Projekt erfordert jede Menge Code, doch der ist
bei SwitchDoc Labs verfügbar. Du musst dem Pi Software und Programmbibliotheken hinzufügen, etwa MySQL
oder MatPlotLib (ein Subsystem zur grafischen Darstel-
lung mit einem tollen Interface für Python). Letzteres ist
etwas kompliziert zu installieren, aber es gibt eine gute
Anleitung auf der SwitchDoc-Webseite (switchdoc.com).

Das Projekt

GroveWeatherPi ist – einfach gesagt – eine modulare, solarbetriebene Wetterstation mit Netzanbindung, die das Team von SwitchDoc Labs entwarf. Damit lässt sich eine Menge anfangen, etwa die Windgeschwindigkeit erfassen und aufzeichnen, Regen, Temperatur, Luftfeuchtigkeit, Luftdruck und außerdem Blitze erfassen. Über die Messdaten hinaus legt GroveWeatherPi auch eine Datenbank der Umgebung an, die sie erfasst.

Obwohl es nach einem einschüchternden Projekt aussieht, hat das Team hinter der Wetterstation sie so einfach wie möglich gestaltet. Das Herz des Projekts ist das Grove-System, eine Reihe von spezialisierten Platinen, die über Grove Connectors verbunden sind. Deswegen braucht man keine Steckplatinen oder Lötaktionen. Die meisten Komponenten bekommt man auf der Switch-Doc Labs-Webseite, wo man auch jede Menge Infos und Ratschläge findet.

Was macht man aus dieser Idee?

Systeme wie diese bieten viel für ihren Preis. Aber du musst bereit sein, für die relativ hohen Kosten aufzukommen. Vielleicht kannst du ja deine Schule oder einen Wissenschaftsclub vor Ort davon überzeugen, in die Hardware zu investieren — immerhin kann man damit jahrelang wunderbar lernen.

GroveWeatherPi beobachtet Windgeschwindigkeit und -richtung.

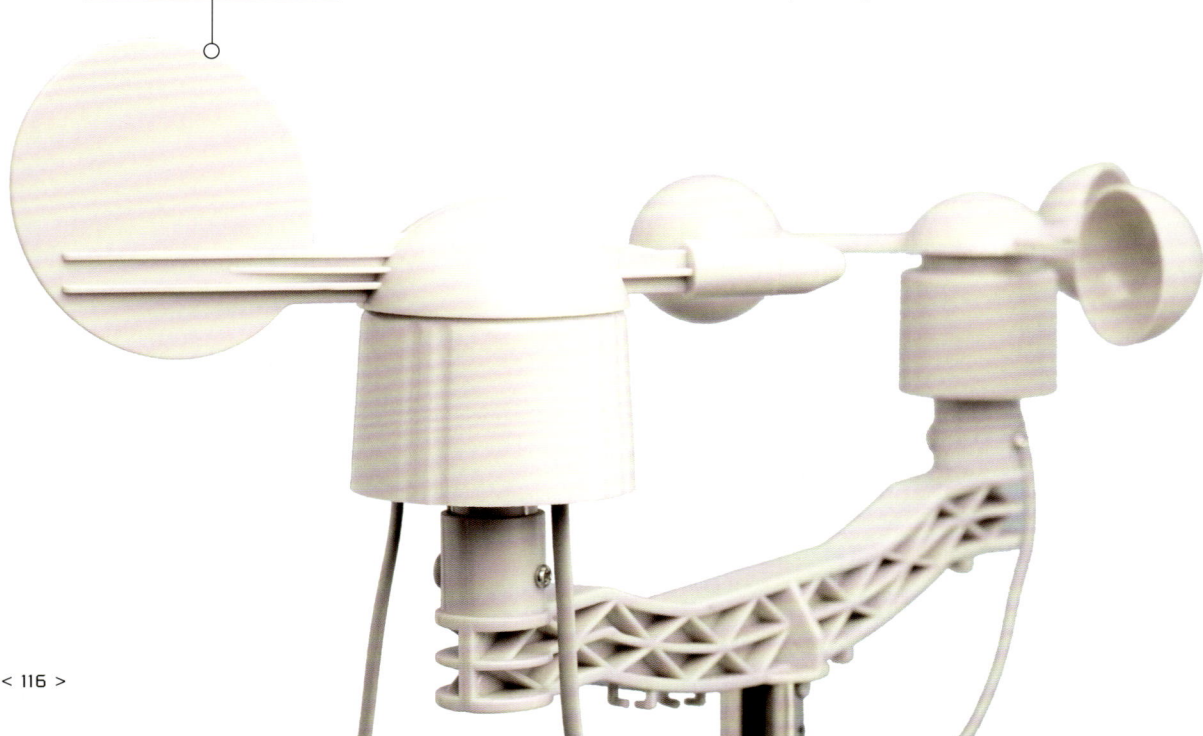

< 116 >

Auch Regen kann GroveWeatherPi
für dich aufzeichnen.

Sonnenstunden und
-intensität werden
über die Solarpanels
beobachtet.

< 117 >

GroveWeatherPi enthält
fast alles, was man für
ein System braucht, das
die Umwelt beobachtet.

Der Baumeister

Dr. John C. Shovic arbeitet seit über 30 Jahren in der Industrie und gründete diverse Firmen. Er war außerdem Professor für Informatik an der University of Idaho, der Eastern Washington University und der Washington State University, hielt 70 Vorträge auf Konferenzen und veröffentlichte über 50 Papers zu einer Vielzahl von Themen, darunter Arduino, Raspberry Pi, iBeacon, HIPAA, GLB, Computer-Sicherheit, Computer-Forensik, eingebettete Systeme und ähnlichen Themen.

Er ist derzeit der CTO von SwitchDoc Labs, einer Software- und Hardware-Firma, die spezialisierte Produkte rund um Kleincomputer für die Maker-Bewegung herstellt. Außerdem hat er eine zusammengelegte Stelle an der University of Idaho und dem North Idaho College als CS Program Manager inne, wo er ein neues Informatik-Programm entwirft. Trotzdem findet er immer noch Zeit, erstaunliche Projekte mit dem Pi umzusetzen, darunter den wunderbaren GroveWeatherPi!

< 118 >

Eine SunAirPlus Solar-Panel-
Steuerung stellt den Pi auf
Solarkraft um, was für eine
Outdoor-Installation perfekt
ist.

TIPPS

● Überprüfe deine Verkabelung mehrfach, bevor du den Strom
ansteckst. Schaffe dir keine Probleme, nur weil du es eilig hast.

● In Elektronik-Workshops hört man ein altes Sprichwort: »Du
kannst deiner Mutter trauen, aber trau nie deiner Erdung.«
Macht dir ein Projekt Schwierigkeiten, schau nach einem
Wackelkontakt beim GND, bevor du etwas anderes probierst.

● **Fügst du einem Entwurf Endgeräte hinzu, überprüfe, ob die
Spannung mit dem vorhandenen System kompatibel ist.
Wenn nicht, »sprengst« du am Ende den Raspberry Pi und
den ganzen Entwurf!**

< 119 >

Astro Pi

Mit Astro Pi konnte ein internationales Team aus Astronauten außerweltliche Experimente durchführen. Es gibt keinen Grund, warum du ihre Abenteuer nicht mit deinem Raspberry Pi nach-stellen solltest.

DATEN

BAUMEISTER	verschiedene
BAUZEIT	einige Stunden (+ Zeit für den Entwurf der hochgeladenen Experimente)
BAUKOSTEN	etwa 110 € (ohne das für Welt-raumflüge geeignete Gehäuse und den Abschuss in den Weltraum …)
SCHWIERIGKEIT	mittel (außer du willst dieses Weltraum-Gehäuse bauen …)

Mit einem Sense HAT »liest«
der Raspberry Pi die Welt um
sich herum.

Das Projekt

Ende 2015 schickte die Principia-Mission den ESA-Astronauten Tim Peake zur Internationalen Raumstation ISS, um eine Reihe von Experimenten durchzuführen, die unten auf der Erde nicht möglich waren. Die Experimente wurden jedoch nicht nur von Raumfahrtbehörden und professionellen Forschern beauftragt. Über ein ganz besonderes Raspberry Pi-Projekt wurden auch einige Experimente von Schülern entworfen und programmiert.

Astro Pi schickte zwei Pis vor der Missions-Besatzung in den Weltraum, vollgepackt mit Experimenten, die Peake durchführen würde, während

MATERIALIEN

➜ Raspberry Pi Model B+
➜ Sense HAT
➜ Raspberry Pi-Kameramodul oder Infrarot-Kamera (Pi NoIR)
➜ Fluggehäuse (Kann man nicht kaufen und es ist irre teuer, aber du kannst dir Pläne für einen 3-D-Druck deiner eigenen Version bei rpf.io/apfc herunterladen.)

//

Der Code

Man kann den ganzen Code der Principia Mission bei astro-pi.org/principia/science-results herunterladen.

//

< 121 >

er auf der ISS den Planeten umkreiste.

Natürlich waren die beiden Pis an Bord der Raumstation nicht nur zwei schwebende blanke Platinen. Zunächst wurden sie an je einen Sense HAT gekoppelt, der den Standard-Pi um Gyroskop, Beschleunigungsmesser, Temperatur-, Feuchtigkeits- und Luftdrucksensoren, LED-Display und Mini-Joystick erweiterte. An einen Pi kam ein normales Kameramodul, an den

anderen die Infrarot-Kamera Pi NoIr.

Ein immens teures Fluggehäuse wurde entworfen, um den Astro Pi nicht nur unterzubringen, sondern auch die heftigen Sicherheitsstandards einzuhalten, die für jedes Experiment gelten, das ins All geschickt wird. Kleine Abweichungen der Oberflächentemperatur oder eine scharfe Kante könnten im All Chaos stiften, daher musste dieses Element

Die weltraumgeeignete Verschalung des Astro Pi ist eines der teuersten Pi-Gehäuse, die je gebaut wurden. Du kannst es mit dem 3-D-Drucker nachbauen, aber eigentlich ist das Gehäuse nicht nötig.

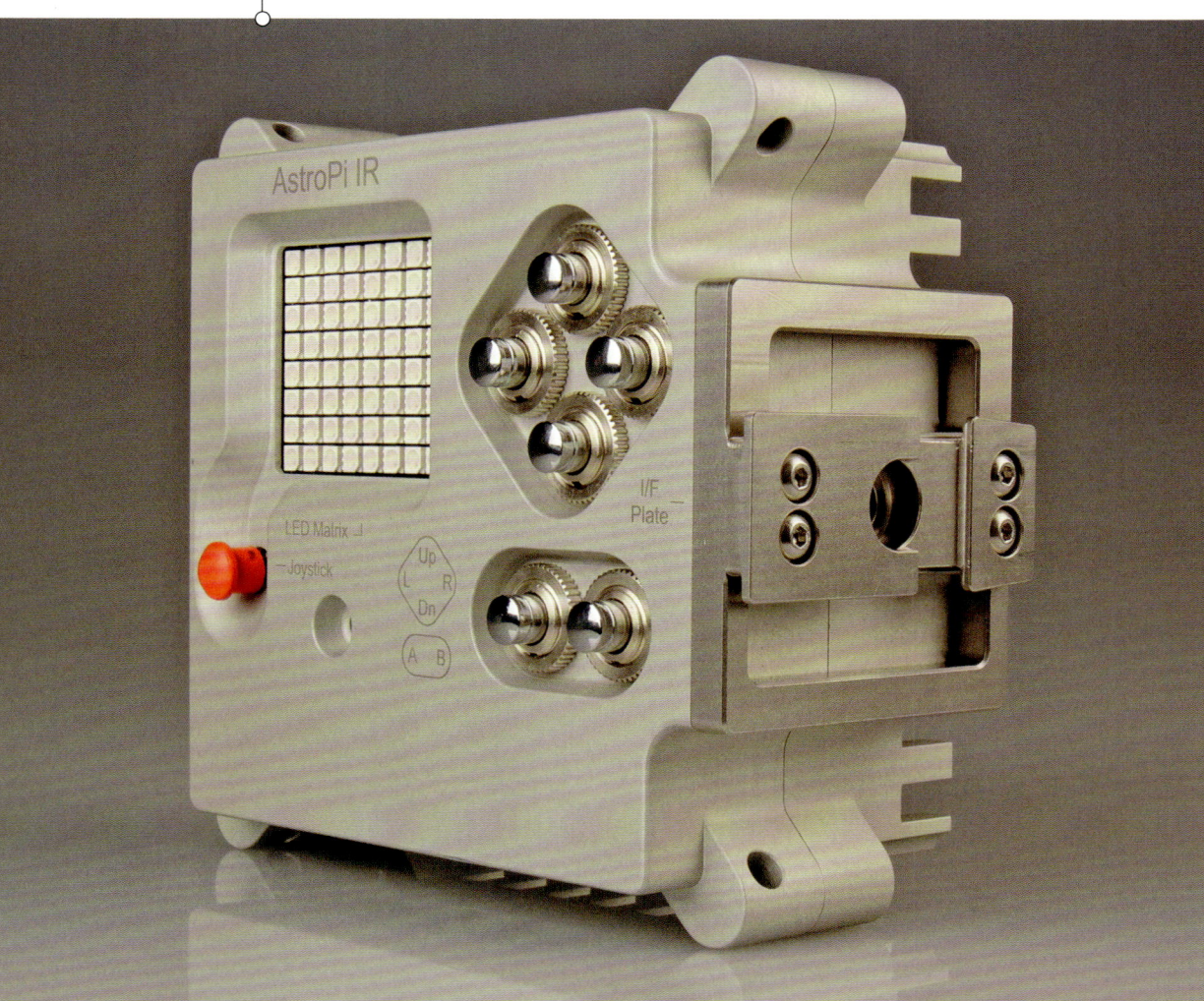

extrem präzise entworfen und
hergestellt werden.

Zum Glück ist es sehr viel leichter, einen »Heim-Astro-Pi« zu
bauen, wie in der Sensor-Station auf S. 130–133 demonstriert wird.

Egal, welches Gehäuse,
du musst dafür sorgen,
dass die Anschlüsse
des Pi zugänglich bleiben.

Was macht man aus dieser Idee?

Vielleicht ist es dir schon die Mühe wert, deine Version echter Welt-
raum-Hardware bauen zu können. Darüber hinaus kannst du den Astro Pi
auch nutzen, um die verschiedenen Einsatzmöglichkeiten des Sense HAT
besser zu verstehen, und um zu testen, was man mit Kameras für sichtbares
und Infrarot-Licht anstellen kann. Oder du legst los und programmierst Software, die man eines Tages draußen im Weltraum einsetzen könnte!

< 123 >

Das Sense-HAT-LED-Display ist ein einfaches, aber effektives Kommunikationsmittel.

Die Baumeister

James Adams, Jonathan Bell und David Honess waren die Hauptdesigner der Hardware für die Astro-Pi-Initiative. Doch waren an diesem Projekt viel mehr Leute beteiligt: Teams der Europäischen Weltraumbehörde, der britischen Weltraumbehörde und der Raspberry Pi Foundation arbeiteten hart, um den Astro Pi zu verwirklichen.

Partner aus der Technik waren unter anderem Air-bus Defense & Space, CGI, Surrey Satellite Technology, QinetiQ und UK Space, die sich ebenfalls ins Zeug legten, während Organisationen wie Esero, KTN und Nesta Bildungs- und Öffentlichkeitsarbeit übernahmen.

Schließlich gab es noch normale Schüler, die die Experimente ausgestalteten, welche dann mit der Hardware von der Trägerrakete über unsere Atmosphäre hinausbefördert wurden.

< 124 >

Der Sense HAT wurde speziell für den Raspberry Pi entworfen. Er wird oben angesteckt, verbunden über GPIO.

TIPPS

- Auch wenn du damit nicht direkt in den Weltraum kommst, hilft dir dein Astro Pi, Ideen für den tatsächlichen Einsatz zu entwickeln. Warum ist das wichtig? Weil es noch viele Chancen geben kann, Programme von der Erde zu Astro Pis auf der ISS zu schicken.

- Astro Pi ist ein tolles Unterrichtsprojekt, denn Kinder beschäftigen sich stark mit den Lerninhalten. Manch junger Programmierer bleibt sogar freiwillig länger in der Schule, nur weil er in das Projekt eingebunden ist!

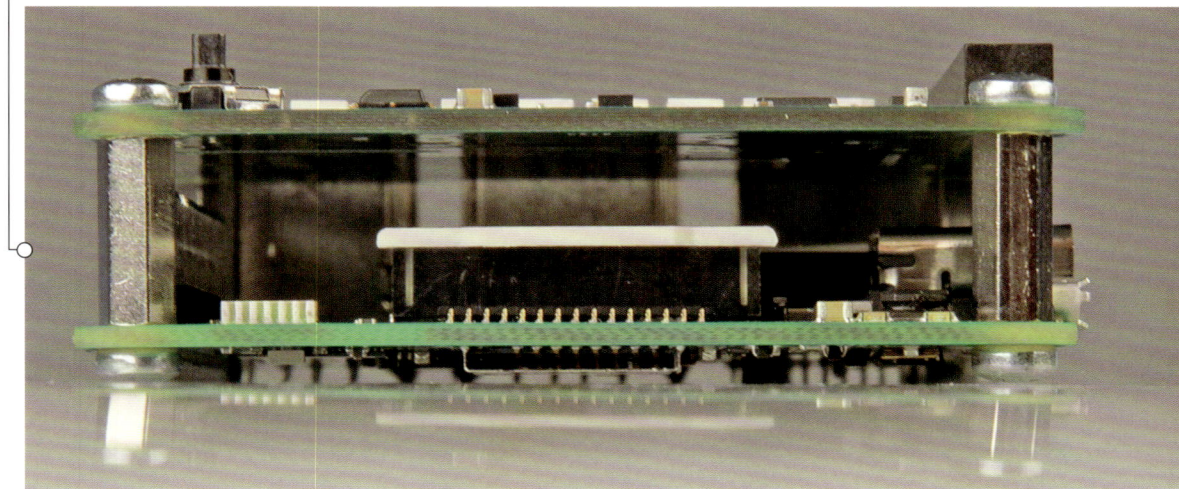

< 125 >

Taschen-Cluster

Nimmt man die Leistung des Pi mal sechs, kann man sich ein Cluster bauen – einen günstigen »Super-computer«, der mit schwergewichtigen Programmen fertig wird.

DATEN

BAUMEISTER	Sung-Taek Kim
BAUZEIT	Dieser Bastler »hatte zu viel Spaß«, um Stunden zu zählen!
BAUKOSTEN	etwa 250 €
SCHWIERIGKEIT	mittel bis fortgeschritten

Obwohl du mehrere Pis für ein Taschen-Cluster brauchst, ist es immer noch eine der günstigsten Möglichkeiten, einen Supercomputer zu bauen.

Das Projekt

Einfach gesagt verbindet das Taschen-Cluster sechs Pi-Einheiten zu einem »Super-computer«, der große Daten-mengen analysieren und Modelle erstellen kann. Er bie-tet Anwendern auch eine Lern-umgebung, in der sie ausgefal-lene Experimente durchführen können. In anderen Worten ist es ein günstiger Supercompu-ter, der die Grundidee des Pi – zugängliche Computertechnik – auf die Spitze treibt.

Die Inspiration für das Taschen-Cluster kam Sung-Taek Kim, als er große Datenmengen ana-lysierte. Die technische Umge-bung, in der er sich bewegte, war schlicht nicht so flexibel, wie er es sich wünschte, daher

dachte er über Alternativen nach.

Etwa zur selben Zeit kam der Raspberry Pi 2 auf den Markt und Microsoft hatte Windows-10-Support angekündigt. Sung-Taek überlegte sich, wie der Pi 2 ihm bei seiner Forschung helfen könnte, und setzte ein Test-Cluster auf. Es funktio-nierte nicht nur hervorragend, sondern bot auch genau die

//

Der Code

Das Taschen-Cluster ist ein Projekt, bei dem man viel programmieren und mit Software arbeiten muss. Du brauchst auf jeden Fall Python. Es hilft auch, wenn du mit Scala zurechtkommst, ein bisschen Java musst du auch lernen. Außerdem solltest du dich in das MapReduce-Programmiermodell einarbeiten.

//

< 127 >

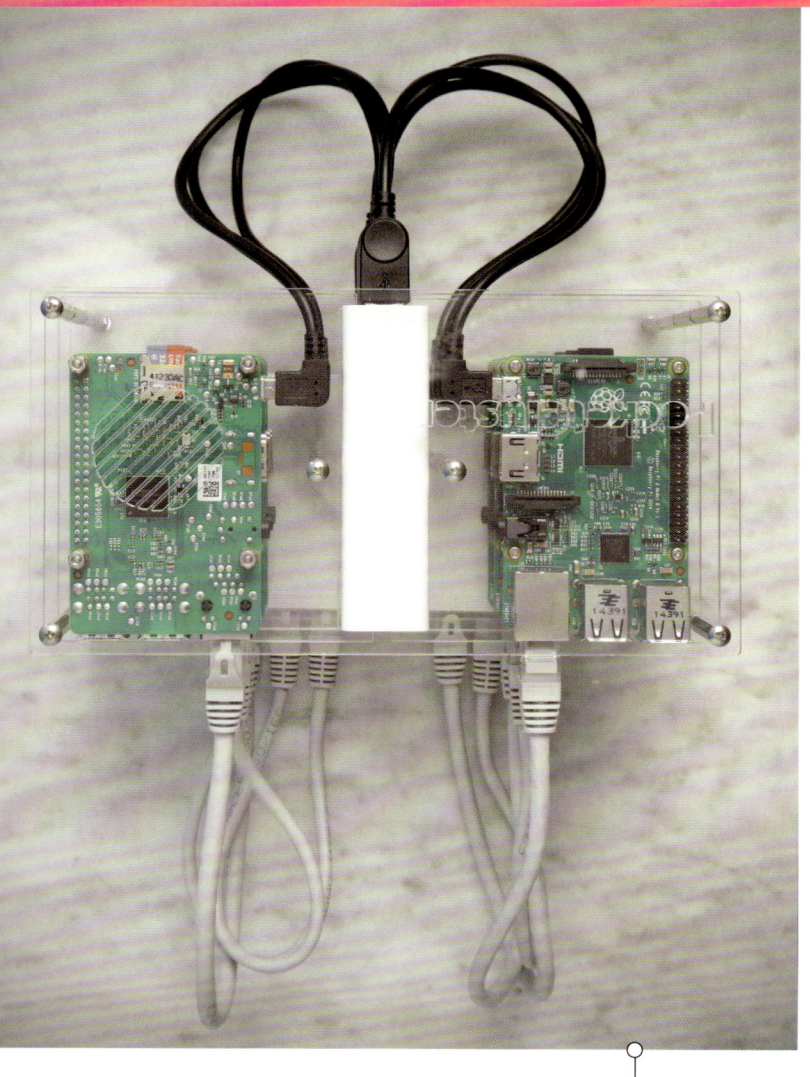

Umgebung, die sich Sung-Taek gewünscht hatte.

Obwohl Projekte mit dem Raspberry Pi oft als Spielerei gelten, ist das bei diesem Entwurf sicher nicht der Fall. Mit einem einzelnen Cluster hat der kreative Kopf dahinter (der auch eine Art Datenforscher ist) etliche Experimente durchgeführt, die vorher nicht möglich waren. Mit dem Taschen-Cluster konnte er Ideen testen, die er beinahe als »verrückt« bezeichnet, und er hat Einblicke in Big Data sowie maschinelles Lernen erhalten.

Genauso wie das Taschen-Cluster Leistung durch die Anzahl der Pis gewinnt, wuchs das Projekt, als weitere Bastler eigene Versionen entwarfen. In der Sprache der Datenforschung erklärt Sung-Taek, dass seine Freude »enorm amplifiziert« wurde, als er sah, wie sich andere dem Taschen-Cluster-Projekt anschlossen.

Das Gehäuse kannst du aus beinahe allem herstellen: Sung-Taek nahm Acryl.

Was macht man aus dieser Idee?

Ein Supercomputer ist eine Maschine mit einem Vielfachen der Rechenleistung ihrer üblichen Zeitgenossen. Mit Sung-Taeks einfachen Prinzipien kannst du das Cluster für alles Mögliche nutzen, an dem ein einzelner Pi scheitert. Die Möglichkeiten sind vielleicht nicht unbegrenzt, aber mit einem Projekt dieser Art kannst du auf jeden Fall ordentlich Daten verarbeiten.

< 128 >

Der Baumeister

Sung-Taek Kim ist ein Software-Ingenieur, der eines der leistungsstärksten Pi-Projekte überhaupt umsetzte.

Sung-Taek ist zwar Experte im Umgang mit großen Datenmengen, doch sein erstes Experiment mit dem Pi war weitaus weniger spezialisiert: Auf einem Model B+ bekam er den Kult-Ego-Shooter *Quake* zum Laufen, nur um die Leistung des Pi zu testen.

Seither steckt er seine Zeit in den Entwurf reiner Software-Projekte. Nur hin und wieder entwirft er etwas, das Software und Hardware so vereint, dass das eine nicht ohne das andere funktioniert. Ein aktuelles Beispiel ist Sung-Taeks Luftfahrt-Platzierungs-Simulator, der mit mehreren Raspberry Pis die Bedingungen rund um einen Flughafen genau nachstellt.

TIPPS

- Das Cluster in diesem Projekt soll als Beispiel dienen, nicht als Anleitung. Man muss nicht genau dieses Gehäuse bauen. Du kannst einfach ein Cluster mit Bauteilen aus dem Laden zusammenstellen.

- Theoretisch gibt es keine Grenze, wie viele Pis du in einem Cluster verbauen kannst. Spare Kosten mit weniger Pis oder verstärke die Leistung mit mehreren.

Wie bei den meisten Pi-Projekten sollte man beim Entwurf festlegen, wie man an die verschiedenen Anschlüsse kommt (und sie ideal positioniert).

Ein offenes Gehäuse wie dieses liefert zwar die Pis den Naturgewalten aus, ist aber leicht, günstig, relativ unkompliziert und schnell zugänglich.

< 129 >

Bau los!

Sensor-Station

Ein paar einfache Schritte und schon wird dein Raspberry Pi zur Sensor-Station im Stil des Astro Pi, die Temperatur, Luftdruck und mehr misst!

DATEN

BAUMEISTER	Craig Hissett
BAUZEIT	1 Stunde
BAUKOSTEN	etwa 75 €
SCHWIERIGKEIT	leicht

Das Projekt

Das Kernelement der Sensor-Station ist ein Sense HAT. Das ist eine zusätzliche Platine mit Sensoren und einer 8 x 8 LED-Matrix, um durchscrollende Nachrichten anzuzeigen. Auch eine Python-Befehlsbibliothek dafür existiert bereits.

Die Messdaten des Sense HAT kannst du nicht nur durch scrollende LED-Nachrichten anzeigen, sondern per WLAN auch drahtlos über einen Python-Webserver an eine Webseite übertragen, damit du überall in deinem Heimnetzwerk darauf Zugriff hast.

Der Baumeister

Craig Hissett ist Hilfs-Admin an einem College im Nordosten von England. Daneben ist er in einem dualen Studiengang für Wirtschafts- und Verwaltungssysteme und hofft, eines Tages als System-/Softwareentwickler zu arbeiten.

TIPPS

● Der Sense HAT bringt Abstandshalter mit, die zwischen ihn und den Pi passen. Wenn dein Gehäuse es zulässt, lohnt es sich, die Abstandshalter anzubringen, damit der Sense HAT eben und sicher sitzt.

● Der Raspberry Pi 3 hat eine WLAN-Schnittstelle, aber du kannst auch einen anderen Pi mit kompatiblem WLAN-Stick nutzen.

● Bei Terminal-Befehlen kommt es auf Groß- und Kleinschreibung an. Pass also beim Tippen auf!

Was macht man aus dieser Idee?

Mit einer tragbaren 5 V-Powerbank kann man dieses Projekt überall aufstellen. Ein paar Änderungen am Code erweitern es in diverse Richtungen: Du könntest weitere Sensoren anfügen, mehr Daten übertragen, die aufgezeichneten Daten auf der Micro-SD-Karte des Pi oder einem USB-Stick speichern oder den Pi Daten an eine »Internet der Dinge«-Seite schicken lassen.

Hol dir den Code:
quartoknows.com/page/raspberry-pi

< 131 >

ANLEITUNG

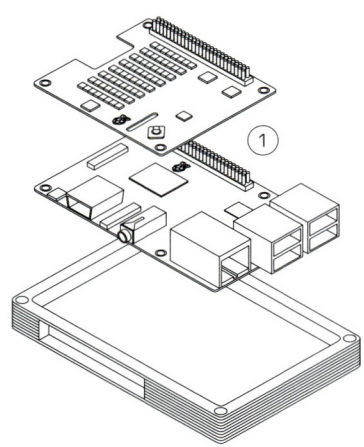

1. Bringe den Sense HAT an

Zunächst brauchst du ein neu installiertes und upgedatetes Betriebssystem auf deinem Pi. Dann richte den weiblichen Kopf des Sense HAT an den GPIO-Pins des Pi aus und drücke den Sense HAT sanft nach unten, um ihn am Pi zu befestigen.

Du kannst Pi und Sense HAT in ein Gehäuse stecken. Aber bedenke, dass die Hitze, die der Prozessor des Pi abgibt, für leicht erhöhte Messwerte sorgen kann, besonders bei geschlossenem Gehäuse. (Wenn es genauer sein soll, verbinde den Sense HAT und den Pi mit einem Bandkabel, sodass die Sensoren Abstand vom Pi haben.)

Wenn der Pi läuft, musst du die Tornado Library installieren. Diese führt den Webserver-Teil des Codes aus, damit du die aufgezeichneten Daten überall in deinem Heimnetzwerk lesen kannst. Um die Tornado Library zu installieren, öffne das Terminal und tippe:

```
install tornado (sudo pip3 install tornado)
```

2. Füge deinen Code ein

Um den Code korrekt auszuführen, erstelle drei Ordner mit dem »mkdir«-Befehl im Terminal:

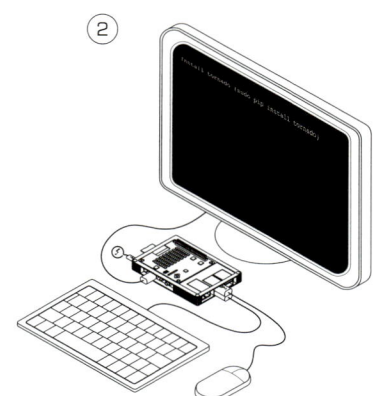

```
mkdir /home/pi/PiSenseHat
mkdir /home/pi/PiSenseHat/templates
mkdir /home/pi/PiSenseHat/static/js
```

Dann schreibst du deine Code-Dateien im Nano-Texteditor. Gib **sudo nano /home/pi/PiSenseHat/server.py** ein und kopiere den Code *server.py* von der Webseite. Anschließend beende mit *Strg+X.* Du wirst dann aufgefordert, die Datei mit *Y* zu speichern.

Als Nächstes gib **sudo nano /home/pi/PiSenseHat/SenseScript.py** ein und kopiere den Code *SenseScript.py* von der Webseite. Schließe und speichere die Datei wie eben.

Wiederhole den Vorgang mit **sudo nano /home/pi/PiSenseHat/templates/index.html** und dem Code *index.html* von der Webseite. Dann gib **sudo nano /home/pi/PiSenseHat/ static/js/ jquery-2.2.0.min.js** ein und kopiere den Code */query-2.2.0.min.js* von der Webseite. Sichere die Datei in beiden Fällen und schließe Nano.

< 132 >

3. Beim Hochfahren starten

Anschließend kannst du dafür sorgen, dass der Code beim Hochfahren ausgeführt wird. Das lohnt sich besonders, wenn du die Sensor-Station an einem schlecht erreichbaren Ort betreibst.

Öffne die Datei *rc.local* in Nano und gib **sudo nano /etc/rc.local** ein. Füge folgende Befehle vor der Zeile *exit 0* ein. Der erste Befehl führt das Script aus, das den Scroll-Monitor des Sense HAT steuert, der zweite startet den Webserver:

```
sudo python3 /home/pi/PiSenseHat/SenseScript.py &
sudo python3 /home/pi/PiSenseHat/server.py &
```

Dann speichere die Datei mit *Strg+X* und dann *Y*, gefolgt von *Eingabe*. Starte den Pi mit **sudo reboot** neu und deine Sensor-Station sollte automatisch laufen!

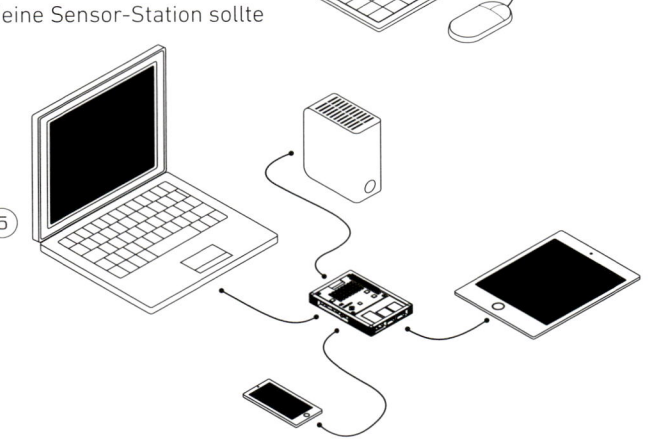

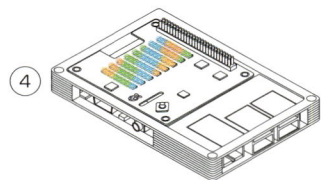

4. Prüfe dein Display

Es gibt zwei Displays in diesem Projekt. Das erste ist das Scroll-Display auf dem Sense HAT. Das sollte 10–15 Sekunden nach dem Start des Raspberry Pi laufen. Falls nicht, überprüfe den Befehl aus dem vorigen Schritt: Beim Code muss man auf Groß- und Kleinschreibung achten, außerdem sollte er keine überschüssigen Leerzeichen enthalten.

Das zweite Display-Element ist der Webserver, der dir die Daten auf Geräten in deinem Heimnetzwerk anzeigt, etwa Computer oder Smartphone. Dazu musst du die IP-Adresse des Pi kennen. Diese findest du, indem du ins Terminal tippst:

sudo ifconfig

5. Zugriff auf den Server

Der vorige Befehl listet die Netzwerk-Information für den Pi: Die WLAN-Information als *wlan0* und die IP-Adresse erscheint neben *inet addr*.

Um auf den Webserver zuzugreifen, öffne ein Browserfenster auf deinem Netzwerkgerät (deinem Computer, Tablet oder Smartphone) und tippe die IP-Adresse des Raspberry Pi in die Adresszeile, der du am Ende *:8000* hinzufügst (das steht für Port 8000, den Port, auf dem der Webserver des Raspberry Pi läuft). So kommst du zu einer einfachen Seite, auf der die Daten deiner Sensor-Station angezeigt werden: Klickst du auf den Button, gibt es ein Update.

< 133 >

5

HEIM-PI
Smarte Geräte für Zuhause

Movie Player

Ein Movie Player auf Basis des Pi ist ein tolles
Entertainment-System fürs Auto, das Kinder
unterwegs bei Laune hält.

DATEN

BAUMEISTER	Craig Hissett
BAUZEIT	70 Stunden
BAUKOSTEN	etwa 75 €
SCHWIERIGKEIT	leicht

Die großen Knöpfe des Movie Players sind für kleine Kinder leicht zu bedienen und nur schwer zu beschädigen!

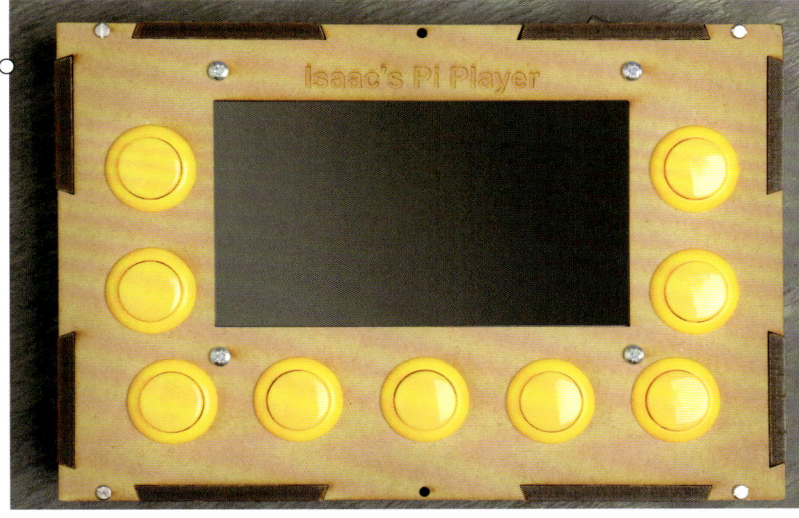

MATERIALIEN

→ Raspberry Pi Model B
→ 9 x Buttons im Arcade-Stil
→ ELI70-CR 7" Touchscreen
→ USB-Hub mit Stromversorgung
→ 2.5" externe Festplatte
→ Adafruit Powerboost 1000C
→ 4 x 18650 Akkus
→ Gehäuse
→ Schaltdraht
→ HDMI-Splitter

Das Projekt

Wie viele Kinder hat Craigs Sohn eine große DVD-Sammlung, die er ständig sehen möchte. Wenn er jedoch seine Großeltern besucht, muss er die Filme zu Hause lassen – und da sie an ihrem Fernseher keinen USB-Anschluss haben, kann er sie auch nicht von USB-Sticks abspielen. Zum Glück war Craig auf der Suche nach einem Projekt, das er für seinen Sohn bauen wollte.

Craig wollte eine tragbare Box, auf der alle Filme seines Sohnes waren. Der Player brauchte eine einfache Bedienoberfläche, auf der sich sein Sohn Filme aussuchen konnte. Daher hat das Geräte nicht nur einen Touchscreen, sondern auch neun Buttons im Arcade-Stil, mit denen man Kategorien und Filme wählen sowie Play, Pause und Skip drücken kann. Diese beiden Steuermöglichkeiten machen das Gerät für Kinder und Erwachsene jeden Alters nutzbar.

//

Der Code

Craigs Movie Player nutzt den tboplayer des Github-Users KenT2. Diese Software basiert auf Python, hat ein einfaches Interface und ist gut dokumentiert. Sie erfordert auch nicht zu viele Befehlsbibliotheken. Craig fügte einfach eine Code-Zeile ein, damit sie beim Hochfahren startet.

//

< 137 >

Das Hauptproblem war die Stromversorgung: Ganz gleich, wie »richtig« sie auf dem Papier aussah, Craig brannte immer wieder seinen Powerboost durch. Nachdem er mehrmals neu verkabelt und Platinen ersetzt hatte, funktionierte es plötzlich – bis heute weiß Craig nicht, woran es lag!

Der Baumeister

Craig Hissett ist Hilfs-Admin am College von Newcastle upon Tyne im Nordosten von England. Er hat sich schon immer fürs Programmieren interessiert und lernt gern weitere Sprachen zusätzlich zu VBA (Visual Basic for Applications). Im Beruf richtete er einige Microsoft-Access-Datenbanken ein.

Als kleiner Geek wollte er unbedingt seine vielen Ideen umsetzen. Aber da Hardware und Elektronik nicht seine Stärke waren, fing er mit einem Arduino an, bevor er lernte, in Python zu programmieren, und dann zur Plattform Raspberry Pi weiterzog.

Es gibt unzählige LCD-Touchscreens, die mit dem Pi kompatibel sind. Die bevorzugte Bildschirmgröße und -auflösung muss man jedoch mit dem Budget abstimmen.

Was macht man aus dieser Idee?

Mit Arcade-Buttons lässt sich der Movie Player leicht steuern. Die neun Knöpfe sind mit einem GPIO-Pin und einem 5 V-Netzgerät verbunden. Ein einfaches Script erkennt, wenn sie gedrückt werden. Aber für einen tragbaren Player braucht man eigentlich nur Pi, Touchscreen und Stromquelle.

Craig nahm MDF-Platten für sein Gehäuse, das den Movie Player simpel, aber robust verstaut.

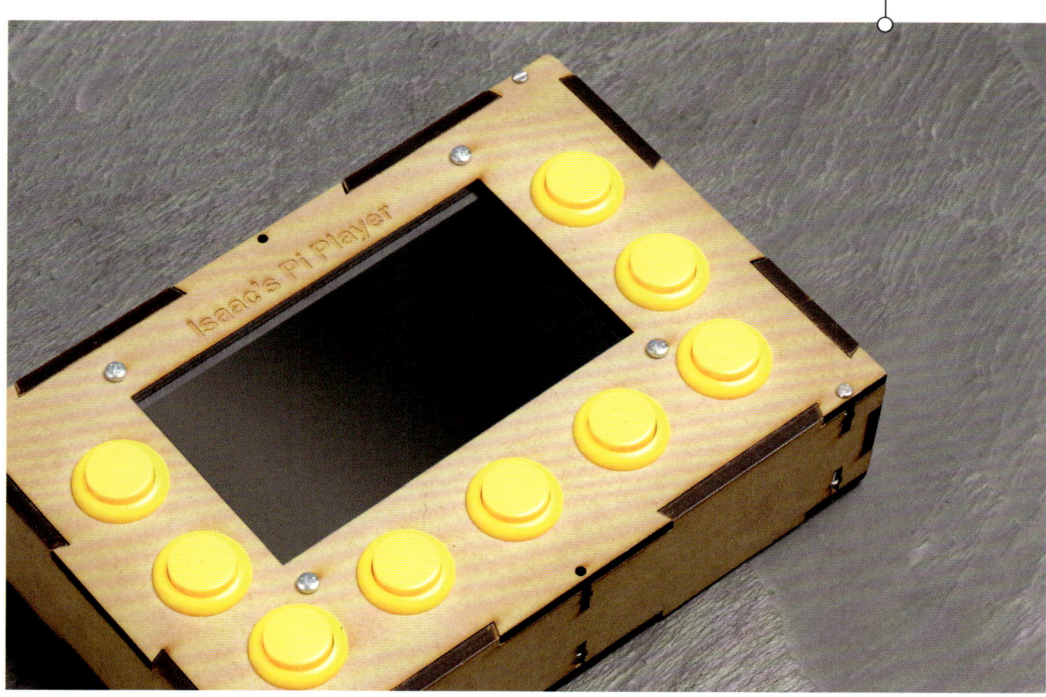

< 138 >

TIPPS

● Plane, plane, plane! Ein Ziel im Kopf ist toll, aber überlege dir, wie du es erreichst, damit die Bauphase nicht so lange dauert.

● Recherchiere Materialien. Du verschwendest sonst Zeit und Geld mit der Bestellung von nicht zweckmäßigen Teilen: Das Billigste ist nicht immer das Günstigste.

● Ein Stolperstein dieses Projekts war die Stromversorgung: Dass an derselben Quelle Geräte mit 12 V und 5 V betrieben wurden, verursachte Probleme, wobei Bauteile und Akkus gegrillt wurden. Wenn du unterschiedliche Spannungen hast, versorge sie korrekt und passend mit Strom.

Pi Player

Klick & Klimper: Smarte Spardose

Ob du auf ein Projekt sparst, auf einen Urlaub
oder auf sonst etwas: Eine Spardose auf
Pi-Basis hilft dir beim Erreichen deines Ziels.

DATEN

BAUMEISTER	Roberto Pigliacelli
BAUZEIT	10 Stunden
BAUKOSTEN	etwa 115 €
SCHWIERIGKEIT	leicht

Mit einer smarten
Spardose kann man
für mehr Bastel-
material sparen!

MATERIALIEN

→ Raspberry Pi Model B+
→ GrovePi+
→ WLAN-Stick
→ Netzteil für Pi
→ 3 V-Netzteil für
  Gleichstrommotor
→ Grove LCD mit
  RGB-Backlight
→ Grove Taster
→ Grove rote LED
→ Grove grüne LED
→ Grove Drehwinkelsensor
→ Grove Summer
→ 2 x Relais NC/NO 5 V
  PIC ARM AVR D
→ 1 K Ohm Widerstand
→ 10 K Ohm Widerstand
→ Jumper
→ DVD-Player-Linseneinheit
→ LEGO® DUPLO® Steine
  und Platte
→ kleine Schrauben für
  Relais und Grove-
  Sensoren
→ mittelgroße Schrauben
  mit Beilagscheiben für
  DVD-Linseneinheit
→ Drehknopf

Das Projekt

Als Roberto jünger war, hatte er ein »Sparschwein«, um Münzen zu sammeln, mit denen er Videospiele kaufen konnte. Sein »Schwein« war aber nur eine Plastikflasche. Also war schwer zu erkennen, wann er genug gespart hatte.

Heute braucht Roberto nicht mehr zu rätseln, wie viel er hat, denn jedes Mal, wenn er eine Münze in die Spardose wirft, bekommt er per E-Mail ein Update mit einem Diagramm, das ihm zeigt, wie viel er gespart hat. Er kann einen Zielbetrag festlegen, entscheiden, wie viele Tage er dafür hat, und seine »smarte« Spardose sagt ihm, wann er das Ziel erreicht hat.

Er hat schon oft gehört, dass dieses Projekt Kinder mit Elektronik und Informatik vertraut machen kann. Dabei hilft auch der Grove Pi+ Platinen-Bausatz, der den Elektronik-Aspekt vereinfacht.

///

Der Code

Ein Python-Script erledigt die meiste Arbeit. Doch braucht man ein Bash-Script, das die Parameter für das Diagramm festlegt und es als .PNG-Datei speichert.

///

< 141 >

Was macht man aus dieser Idee?

Du kannst die Polarität eines Gleichstrommotors mit NO/NC-Relais umdrehen. Dadurch bewegt sich dein Mechanismus fortwährend und wiederholt.

Die Spardose ist ein tolles Unterrichtsprojekt, das Kindern das Programmieren nahebringt und sie anspornt, Geld zu sparen!

Der Baumeister

Roberto Pigliacelli kam über Microsoft Visual Basic zum Programmieren, fand aber, dass es für einen Anfänger schwer zu begreifen ist. Dann stieß er auf den Raspberry Pi, den er perfekt findet: Die Plattform nutzt eine Menge Open Source Code, den man kopieren, abändern und einfügen kann, um etwas Neues zu schaffen.

Seither hat Roberto auch gelernt, wie man die Arduino-Plattform benutzt, die er für vielseitiger, aber schwerer verständlich hält. Nach den ersten paar Projekten hat sich Roberto darauf festgelegt, Projekte mit »lebensnahen« Anwendungen zu schaffen, von denen viele bei ihm zu Hause laufen.

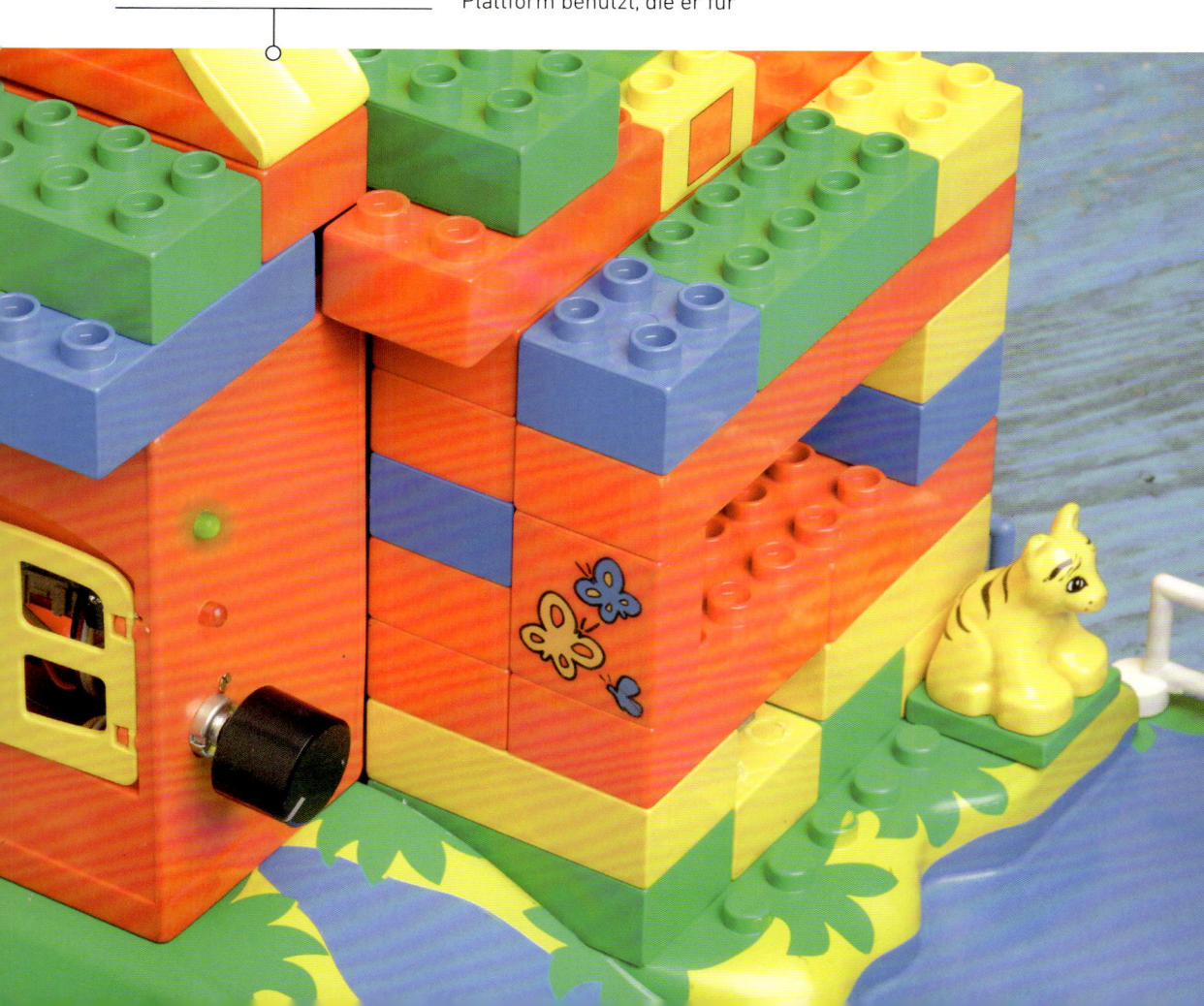

TIPPS

● Die beiden Relais im Schaltkreis kann man durch eine H-Brücke (IC L2390) ersetzen.

● Die Grove-Bauteile kann man durch einen konventionelleren Schaltkreis aus Drucktaster, Drehgeber, LEDs und Summer ersetzen.

Lass im Design Platz für Zugang zu den Anschlüssen des Pi, damit du sie prüfen kannst, ohne die Spardose zu zerlegen.

< 143 >

Internet-Anzeiger

»Ist das Internet weg?« heißt es rund um die Welt. Mit diesem Projekt siehst du auf einen Blick den Verbindungsstatus.

DATEN

BAUMEISTER	Bruce Hillsberg
BAUZEIT	40 Stunden
BAUKOSTEN	etwa 125 €
SCHWIERIGKEIT	mittel

MATERIALIEN

→ Raspberry Pi (jedes Modell)

→ 1 cm dickes Birkensperr-holz (40 cm x 40 cm)

→ Industrie-Signalsäule (Ampel-Konfiguration)

→ 16 mm beleuchteter Drucktaster

→ Half-size Perma-Proto Raspberry Pi Breadboard PCB

Das Projekt

Bruce Hillsberg hatte eine einfache Mission: Aus einem Raspberry Pi ein Gerät zu machen, welches das Internet überwachte und jedem den derzeitigen Verbindungsstatus mitteilen konnte. Er wollte aber auch, dass das Gerät toll aussieht. Immerhin wollen die meisten Leute keinen Kabelsalat und bloße Platinen als Deko.

Das Ergebnis ist Bruces Inter-net-Anzeiger, der einen klaren Industrie-Look hat und in viele Wohnungen passt. Er dient auch einem sehr praktischen Zweck und gibt guten Gesprächsstoff ab, wobei oft herauskommt, dass Besucher eigene Rasp-berry Pi-Projekte planen.

Allerdings hatte es seine Tücken, den Internet-Anzeiger umzusetzen. Zunächst musste Bruce ein Python-Programm schreiben, das den Status der Internet-Verbindung abfragte. Sonst wäre der Internet-An-zeiger genauso unzuverlässig geworden wie Bruces WLAN und das wäre nicht Sinn der Sache. Er musste auch das mit dem Lasercutter gestal-tete Gehäuse genau entwer-fen, damit der Raspberry Pi hineinpasste.

//

Der Code

Wenn man von null anfängt, ist der Internet-Anzeiger ein ziemlich komplexes Projekt. Zum Glück hat Bruce schon alles ins Internet gestellt. Auf seiner Instructables-Seite (siehe S. 218) findest du eine detaillierte Anleitung für den Code und die Terminal-Befehle, sowie Methoden, um auf dem Pi ein bestimmtes Python-Programm anzuwenden, das du mit deiner drahtlosen Internetverbindung konfigurierst.

//

Es war die Mühe aber wert. Das fertige Projekt nutzt eine Signalsäule, die bei zuverlässiger Internet-Verbindung grün leuchtet, bei wackliger gelb, und rot, wenn das Internet weg ist. Das Projekt verfügt auch über einen beleuchteten Schalter, der zeigt, ob der Anzeiger läuft, und den Raspberry Pi abschalten kann, einen Leiterplattensteckverbinder, um die Platine mit der Signalsäule zu verbinden, und einen Stromstecker. Es ist ein beeindruckender, detailverliebter und praktischer Entwurf.

Der Baumeister
Im Silicon Valley lebt Bruce Hillsberg im Mittelpunkt des Technikuniversums. Er liebt Experimente mit neuen Technologien. Seit Schulzeiten baut, zerlegt und zweckentfremdet er Dinge.

Bruce ist Stammgast in seinem örtlichen Maker Space »TechShop«, wo er nicht nur an Spezialwerkzeuge wie einen Lasercutter kommt, sondern auch andere Bastler trifft, mit denen er sich austauschen kann. Es gibt überall Maker Spaces oder Reparaturcafés und es lohnt sich, nach ihnen zu suchen. Falls es bei dir in der Nähe so etwas gibt, könnte es dir helfen, dein nächstes Projekt so beeindruckend wie Bruces Internet-Anzeiger zu machen.

Was macht man aus dieser Idee?
Baut man Bruces Projekt nach, bekommt man nicht nur ein fantastisches, nützliches Gerät für Zuhause, sondern lernt auch viel über die Schnittstelle zwischen Raspberry Pi und Internet. Es ist außerdem eine tolle Lektion zum Bau schicker Gehäuse und man schnappt bestimmt einiges über die Programmiersprache Python auf.

< 146 >

Der Internet-Anzeiger hat einen einfachen Abschalt-knopf, ähnlich wie beim Projekt auf S.44-47.

TIPPS

● Wenn du Python-Code für ein Projekt schreibst, suche online nach Code-Beispielen anderer, die etwas Ähnliches errei-chen wollen. Es ist oft leichter, existierenden Code abzuändern und damit zu experimentie-ren. Dadurch bekommst du die Chance, deine Programmierkünste zu verfeinern.

● Willst du ein Lasercut-Gehäuse, baue erst eine Kartonversion. Karton mit dem Messer zuschneiden ist schneller und billiger als Holz und Acryl mit dem Laser-cutter zu bearbeiten. Außerdem verhindert es Müll, während du das Design ausarbeitest.

● Debugge die Software für Projekte, bevor du den Pi und die Elektronik im Gehäuse montierst. Das verhindert, dass du alles auseinandernehmen musst, falls du auf die SD-Karte zugreifen oder etwas neu verdrahten musst.

Eine Signalsäule sagt dir sofort, ob deine Internet-verbindung steht oder nicht.

Internet-Radio

Martin Manders Internet-Radio vereint die Hörerfahrung des 21. Jahrhunderts mit kultigem 1970er-Design.

DATEN

BAUMEISTER	Martin Mander
BAUZEIT	45 Stunden
BAUKOSTEN	etwa 85 €
SCHWIERIGKEIT	mittel

Das Projekt

Martin Mander bastelt oft Projekte auf der Basis von klassischer Technik, die er bei Garagenverkäufen aufstöbert. Der Ausgangspunkt für diesen Entwurf war ein kaputter Kassettenrekorder von Bang & Olufsen, den Martin in ein Internet-Radio verwandeln wollte.

Bang & Olufsen-Stereo-Anlagen aus den 1970ern sind Kult. Deshalb wollte Martin den Stil beibehalten. Die Lautstärkeregler sollten unbedingt funktionsfähig bleiben,

MATERIALIEN

→ 1979 Bang & Olufsen Beocord 1500-Kassettenrekorder

→ Raspberry Pi 1 Model B+

→ WLAN-Adapter

→ Sugru Silikonkleber

→ Adafruit RGB Negative 16 x 2 LCD Kit

→ Celcus Soundbar

→ 10 x Mikroschalter mit Hebel

→ AD557 DAC (Digital-in-Analog-Wandler)

→ Farbwechselnde LEDs

→ Drahtbrücken

→ Bandkabel und GPIO Cobbler Breakout Board

→ Meccano-Teile

→ Perspex-Fotorahmen

→ Zweifachstecker mit Kabel

→ Dachschrauben

//

Der Code

Martins Internet-Radio nutzt einen Adafruit-LCD-Monitor und Drucktaster. Jedoch gibt es andere Programm-Optionen, die Inputs wie Wählscheiben und verschiedene Bildschirme unterstützen. Es lohnt sich, das Pferd von hinten aufzuzäumen und erst das Gehäuse für das Radio auszusuchen, bevor man entscheidet, welchen Code man nutzt.

//

< 149 >

daher betrieb er sie mit dem Raspberry Pi und einem DAC (Digital-in-Analog-Wandler).

Als Zugeständnis an die Moderne werden Uhrzeit, Sender und Titelname aber auf einem Adafruit RGB Negative Display angezeigt, das durch das ehemalige Kassetten- fenster sichtbar ist. Das Radio hat auch eine farbwech- selnde LED für atmosphäri- sche Beleuchtung durch das Bandzählwerk.

Als Verstärker dient ein zweck- entfremdeter TV-Soundbar, der vorne ins Gehäuse eingebaut

ist. Obwohl eine Fernsteu- erung für den Verstärker in einer Kassette untergebracht wurde, ist Martins Highlight an diesem Radio, dass er es mit den Original-Knöpfen bedienen kann. Das war am schwersten umzusetzen – anfangs nahm Martin Mikroschalter, aber sie waren schwierig zu bedienen, ohne dass sie wackelten. Letzt- lich fügte er kleine Holzstützen an, um sie zu befestigen – eine einfache Lösung, aber sie funktioniert.

Es gab tolle Reaktionen auf das Internet-Radio, nicht nur von der Raspberry Pi Community,

Was macht man aus dieser Idee?

Die meisten Projekte profitieren von cooler, atmosphärischer Beleuchtung! Dieses Radio-Projekt nutzt einfache farbwechselnde LEDs, die über den 5 V-Ausgang des Pi betrieben werden.

Martin wollte unbedingt die Analog- Lautstärkeregler des Kassettenrekorders für sein modernes Radio nutzen.

< 150 >

sondern auch von HiFi-Puristen. Martin bekam sogar einen netten Tweet von Bang & Olufsen.

Der Baumeister

Martin Mander aus Norwich, Großbritannien, ist begeistert vom Raspberry Pi und von Retro-Technik. 2014 setzte er sein erstes Pi-Projekt um und ist seitdem fasziniert, da die Plattform für ihn eine perfekte Mischung aus Größe, Leistung und Zugänglichkeit darstellt. Die Arbeit mit dem Pi erinnert Martin an die Stunden, die er als Kind damit verbrachte, Code aus Magazinen in einen Commodore VIC-20 und Sinclair ZX81 einzugeben. Doch mit einem Pi lässt sich so viel mehr anstellen!

Das Internet-Radio war Martins zweites Pi-Projekt (nach dem Media Center auf S. 166–171). Er orientierte sich technisch erst noch und verfeinerte seine Lötkünste. Seitdem hat er weitere Projekte geschaffen, darunter das AlexaPhone und den RabbitPi.

TIPPS

- Meccano ist toll für Prototypen und ideal, wenn ein Projekt zwischendurch eine Klammer oder Struktur braucht. Es ist in diversen Größen erhältlich und lässt sich in die benötigte Form biegen.

- Wenn man beim Bau mit den Materialien nicht weiterkommt, lohnt sich ein Besuch im Baumarkt oder Elektronikladen. Es gibt viele Halterungen und Fassungen. Oft kann man etwas nutzen, das man sonst nicht in Betracht gezogen hätte.

- Funktioniert ein Teil nicht, prüfe alles andere, bevor du neu lötest. Als sein LCD-Monitor nicht zu gehen schien, verlötete Martin die Verbindungen dreimal neu, bevor ihm auffiel, dass der Kontrast falsch eingestellt war!

Das Internet-Radio nutzt die Original-Steuerung, aber dazu war etwas Einfallsreichtum nötig.

< 151 >

Kaffeeröster

Nichts geht über den Duft frisch gerösteten
Kaffees. Wie wäre es mit einem Pi-Röster auf
deiner Projektliste?

DATEN

BAUMEISTER	Mark Sanders
BAUZEIT	60 Stunden
BAUKOSTEN	etwa 85 €
SCHWIERIGKEIT	mittel

Das geräumige Gehäuse des Kaffeerösters lässt Raum für den Raspberry Pi und alle anderen nötigen Bauteile.

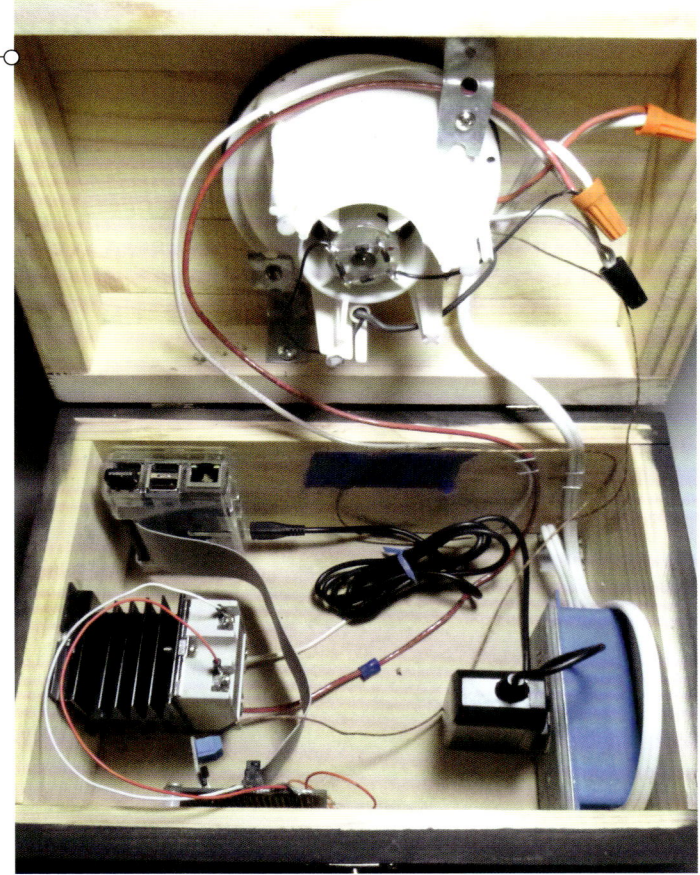

MATERIALIEN

→ Raspberry Pi (jedes Modell)
→ Raspberry Pi-Netzgerät
→ Raspberry Pi Breakout Board
→ Thermoelement Typ K
→ Verstärker für Thermoelement
→ MAX31855 Breakout Board
→ Wechselstromrelais
→ NPN-Transistor
→ Wechselstromsteckdose (mit Gehäuse)
→ Popcorn-Popper
→ 2 x rote LEDs
→ 2 x gelbe LEDs
→ 3 m Wechselstromkabel
→ 10 K Ohm Widerstand
→ 4 x 300 K Ohm Widerstände
→ Holzkiste
→ schwarze Sprühfarbe
→ Draht

Das Projekt

Marks Suche nach köstlichem Kaffee führte dazu, dass er Bohnen zu Hause röstete. Er nahm dazu einen Popcorn-Popper, doch damit wurde der Kaffee zu schnell geröstet. Daher musste er ihn immer wieder aus- und einstecken, um den Röstvorgang zu steuern.

Als er das Problem mit Arbeitskollegen diskutierte, schlug jemand vor, die Temperatur

über einen Raspberry Pi zu kontrollieren. Nach etwas Recherche hatte Mark die benötigten Teile gefunden und sein Kaffeeröster besteht nun aus Popcorn-Popper, Wechselstromrelais, Thermoelement, LEDs und Pi.

Der Pi kontrolliert die Temperatur im Inneren des Poppers mit einem Thermoelement, das die Temperatur misst, und einem Wechselstromrelais, um das Heizelement zu steuern. Die

< 153 >

Der Kaffeeröster reguliert die Temperatur des Popcorn-Poppers, um eine perfekte Röstung sicherzustellen. Dazu wird ein Raspberry Pi (1) an einen komplexen Schaltkreis (2) angeschlossen, wobei ein Halbleiter-Relais das Heizelement mit Strom versorgt (3).

Software misst die Temperatur alle 0,1 Sekunden und schaltet das Heizelement entsprechend an oder ab.

Die Software protokolliert auch die Temperatur während der Röstung für später auf einem retro-industriellen Web-Interface, das ebenfalls Mark erstellt hat.

Die größte Herausforderung war die Elektrik des Projekts. Mark musste etwas über Relais und Transistoren lernen, um das Heizelement zu steuern. Es war auch das erste Mal, dass Mark elektrische Bauteile verlötete – eine Lernerfahrung, die viele Maker in diesem Buch straucheln ließ! Mark brauchte mehrere Versuche und viele

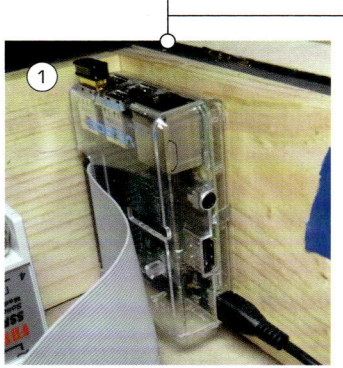

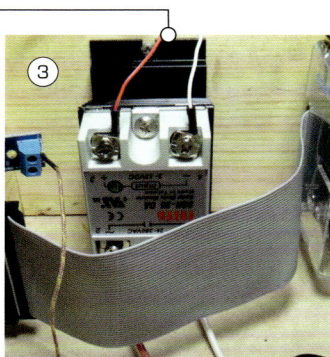

Da die Standfläche entfernt wurde, liegt das Heizelement des Popcorn-Poppers frei. Mark schloss es an ein Wechselstromrelais an, das den Strom für das Heizelement an- und ausschaltet.

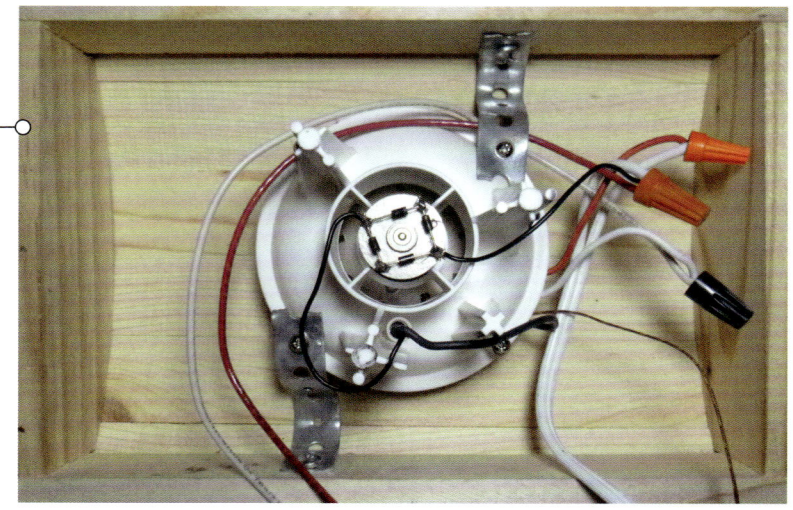

< 154 >

Löt-Videos online, bevor er gut löten konnte.

Seit er das Projekt online veröffentlicht hat, bekam Mark E-Mails von Leuten auf der ganzen Welt, die eigene Röster bauen wollten. Manche sind erfahrene Entwickler, aber oft auch Leute, die gerade erst den Raspberry Pi und seine Software kennenlernen.

///

Der Code

Mark brauchte etwas, um die Temperaturanzeige in seinem Web-Interface zu erstellen. Ein Python-Script blendet die Nadel auf der Messanzeige im Hintergrund ein und lässt sie in 5°-Sprüngen rotieren, wobei bei jeder Bewegung der neue Messstand gespeichert wird. Alle dieser Bilder werden in den Webbrowser heruntergeladen, wenn die Seite lädt. Die Webseite ändert das Bild sekündlich, wenn die neueste Röstinformation vom Pi kommt, sodass es aussieht, als würde sich die Nadel bewegen.

///

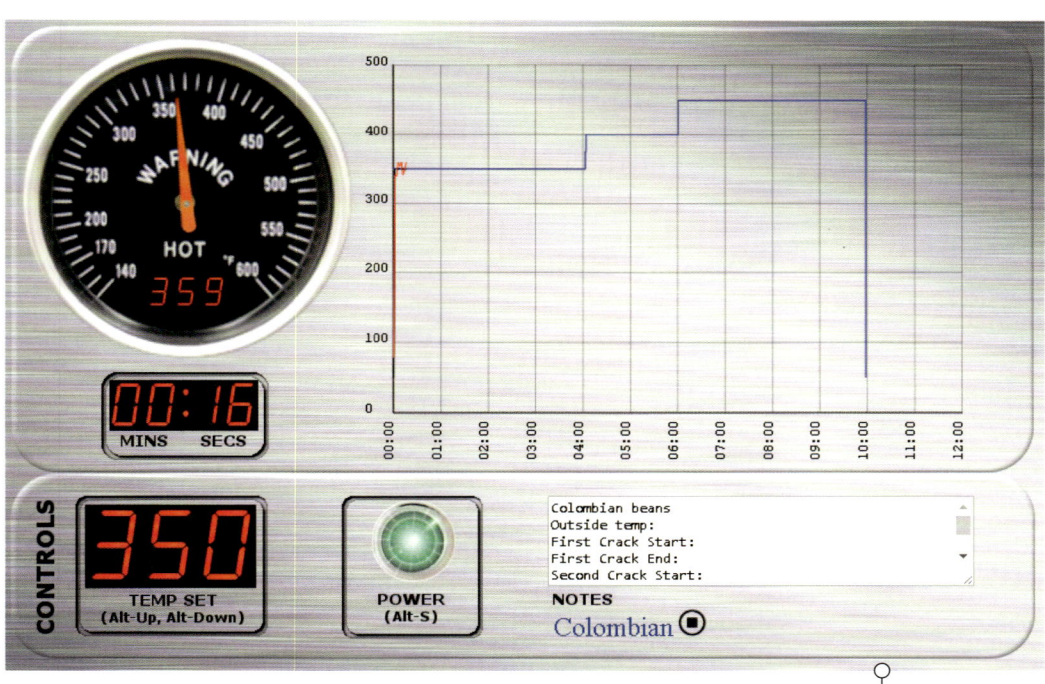

Marks Web-Interface lässt ihn die Röst-Details protokollieren, auf die er später zurückgreifen kann.

< 155 >

Das Herzstück des Projekts ist ein Popcorn-Popper, den Mark in einem Gebrauchtwarenladen fand.

Der Baumeister

Mark Sanders hat einen Abschluss in Maschinenbau und Informatik und entwickelt seit 20 Jahren Software. In dieser Zeit hat er an Militär-Funkgeräten, Telefonanlagen und Lagersystemen gearbeitet. Er programmiert vor allem in C/C++, hat aber kürzlich Django und Python gelernt, um ins Webprogrammieren einzusteigen.

Ein Kollege erwähnte erstmals den Raspberry Pi und Mark war sofort erstaunt, wie günstig die Einheit angesichts ihrer Leistung war. Bestechend fand er jedoch, dass sie mit Linux lief, mit dem er bereits vertraut war. Als er sich nach einem Web-Interface für dieses Projekt umsah, wusste Mark, dass er einen Linux-Webserver betreiben konnte, was mit anderen Einplatinencomputern nicht möglich ist.

Was macht man aus dieser Idee?

Das Interface oder der Code spezifizieren dieses Projekt nicht nur fürs Kaffeerösten. Es lässt sich überall nutzen, wo eine Temperatursteuerung nötig ist. Der Schaltkreis mit dem Relais und der Code steuern jedes Gerät, das an eine Steckdose passt, etwa einen Ventilator oder Heizkörper. Also könnte man sie zum Bierbrauen, als Brenn- oder Backofen verwenden.

< 156 >

TIPPS

- Wenn du ein Bandkabel an den GPIO-Header des Pi anschließt, schau nach, ob es richtig herum ist. Bei diesem Projekt beschädigst du die Platine des Thermo-elements, wenn du das Kabel falsch anschließt. Mark suchte den Fehler stundenlang, bevor ihm das Problem auffiel!

- Verlangt ein Projekt richtig viel Code, nutze eine Software-Versions-kontrolle zur Verwaltung der Quellcode-Dateien. Damit kannst du Ände-rungen zwischen den Versionen verfolgen, Backups erstellen und in Abzweigungen ver-schiedene Eigenschaf-ten ausarbeiten. Das Debuggen wird ebenfalls beschleunigt.

- Mach viele Fotos! Mark fotografierte den Röster, um zu garantieren, dass er ihn erneut richtig zusammensetzen konnte. Er fotografierte auch die Verbindungen auf der Steckplatine, bevor er neue Schaltkreise probierte. Falls es nicht funktionierte, hatte er eine Referenz des vori-gen Entwurfs.

Du musst keinen genialen Behälter wie Mark bauen, aber sein Kaffeeröster sieht definitiv genial aus!

< 157 >

Cyberdeck

Jason Benson plante mit seinem Projekt eine funktions-
fähige Version der »Cyberdeck«-Computer, die es in Cyber-
punk-Romanen wie William Gibsons *Neuromancer*-Trilogie
und dem Rollenspiel *Shadowrun* gibt.

DATEN

BAUMEISTER	Jason Benson
BAUZEIT	10 Stunden
BAUKOSTEN	etwa 85 €
SCHWIERIGKEIT	mittel

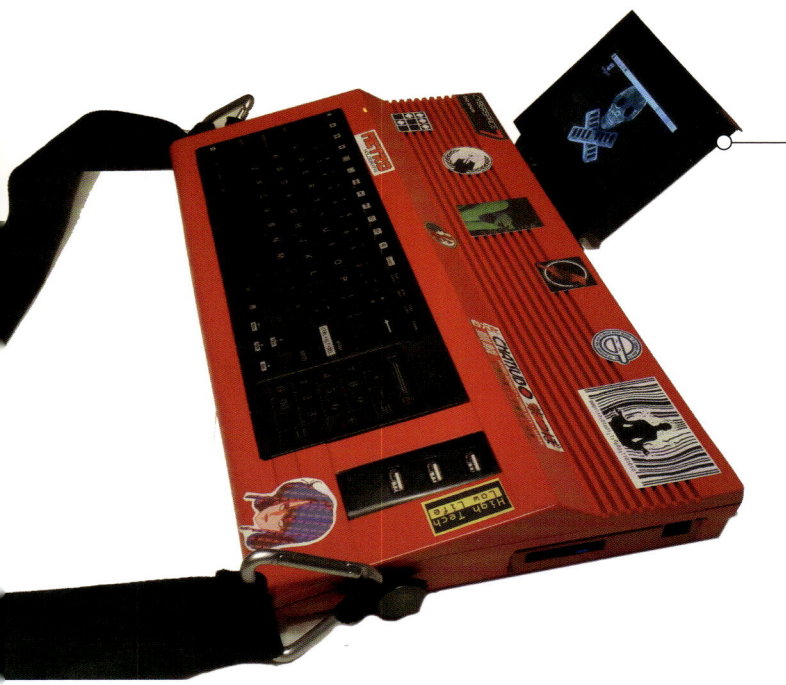

Das Display lässt sich ins Gehäuse verschieben, sodass man es am Schultergurt herumtragen kann. Es lässt sich auch neigen.

MATERIALIEN

- → Gehäuse eines Commodore 64
- → Raspberry Pi 3 (mit Gehäuse und Lüfter)
- → Kmashi 10000 mAh-USB-Akku
- → Pazz-Funktastatur mit Trackpad
- → USB-Hub mit vier Anschlüssen
- → HDMI-Splitter
- → HDMI zu USB-Adapter
- → USB zu Micro-USB-Kabel mit Schalter
- → Styrol-Kunststoffplatte
- → Schlossschrauben mit Einpressbuchsen
- → Farbe
- → Sticker
- → scharfes Messer
- → Haarlineal
- → Bohrer
- → Feuerzeug oder Anzünder
- → Akkuschrauber

Das Projekt

In den Büchern und Geschichten, die dieses Projekt inspirierten, ist ein »Cyberdeck« ein tragbarer Computer, den der Anwender über eine neuronale Verbindung an sein Gehirn anstöpselt. Jasons Schöpfung hat natürlich kein neuronales Interface – Ersatz ist eine Multimediabrille.

Das Projekt entstand aus dem Gehäuse eines kaputten Commodore 64, der den 1980er-Look des Cyberpunk-Genres lieferte. Die ursprüngliche Tastatur und die Funktionstasten ersetzte Jason aber durch Funktastatur, Trackpad und USB-Hub.

//

Der Code

Dieses Projekt ist handwerklich komplex und hat ein paar komplizierte Schaltkreise, die auch in das Gehäuse passen müssen. Es läuft aber mit einer normalen Raspbian-Installation und erfordert keinen zusätzlichen Code.

//

< 159 >

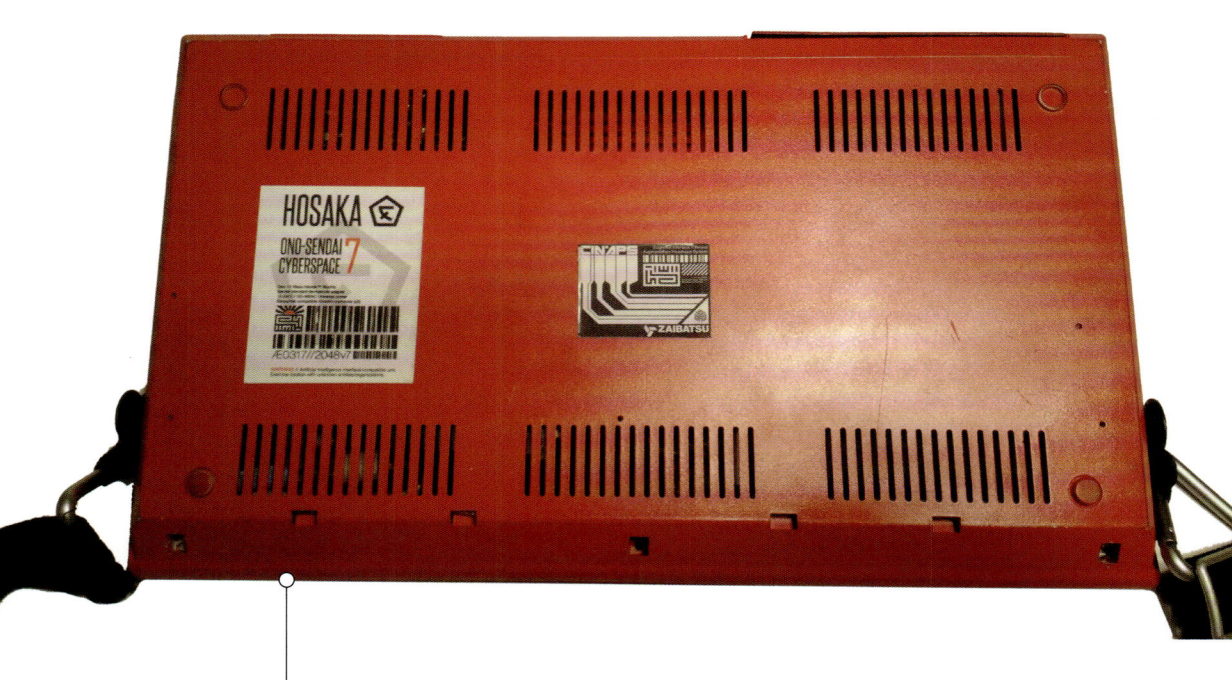

Die Videokabel brauchen viel
Platz im Gehäuse. Es war
herausfordernd, alles unterzubringen, deswegen muss man
genau planen.

Im Inneren des alten Gehäuses ist ein Raspberry Pi mit
USB-Akku. Der Pi hat etliche
Video-Ausgänge, darunter
einen VGA-Port für Monitor
oder Multimediabrille, und
ein internes, ausfahrbares
Display. Obwohl das Display
schwer umzusetzen war,
wollte Jason den Bildschirm
unbedingt verbergen können,
wenn er nicht gebraucht wurde,

daher baute er Gehäuse und
Gleitmechanismus.

Bei diesem Projekt musste
sehr viel angepasst und selbst
gebaut werden. Das Display-
Gehäuse und einige Außen-
abdeckungen sind aus Styrol-
Kunststoff. Etliche Löcher
wurden ins Gehäuse des Commodore gebohrt. Um ihn wirken
zu lassen, als wäre er schon
auf den gefährlichen Straßen
einer Cyberpunk-Metropole im
Einsatz gewesen, malte Jason
ihn rot an, fügte einen Schultergurt hinzu und ließ sich Sticker
drucken, die für Atmosphäre
sorgen.

Was macht man aus dieser Idee?
Jasons Cyberdeck kann alles, was ein Laptop auf Pi-
Basis kann — nur dass man den Bildschirm einfahren und
die Privatsphäre mit einer Multimediabrille schützen kann.

< 160 >

Der Baumeister

Bevor er in die IT ging, war Jason Benson (online bekannt als »D10D3«) Uhrmacher, der beruflich alte Uhren restaurierte. Diese Erfahrung verlieh ihm viele technische und handwerkliche Fähigkeiten, die er nun in Projekten irgendwo zwischen Erfindertum und Kunst nutzt. Seine fantasiereichen Entwürfe sind so »echt« und funktionsfähig wie nur möglich.

Jason verliebte sich auf den ersten Blick in den Raspberry Pi. Er wusste, dass er damit Dinge bauen konnte, die vorher immer unerreichbar gewesen waren, etwa Computer als Accessoires, Roboter und Computer-Kunst. Jasons Inspiration ist echt unberechenbar. Er weiß nie, woran er als Nächstes werkeln wird, versucht jedoch dafür zu sorgen, dass er immer an irgendwas arbeitet!

Das Cyberdeck ist von William Gibsons Neuromancer und den Shadowrun-Rollenspielen beeinflusst.

TIPPS

● Teste, ob deine Bauteile ins Gehäuse passen, bevor du schneidest oder klebst.

● Trage immer eine Schutzbrille oder Maske, wenn du mit einem Dremel arbeitest.

● Schneide Löcher etwas kleiner als du sie brauchst und weite sie mit einer Feile. Es ist sehr viel leichter, ein Loch zu vergrößern als es nachträglich zu verkleinern.

< 161 >

Tytelli Smartphone

Während Apple und Samsung sich um den Spitzen-
platz auf dem Smartphone-Markt prügeln, kommt
es in Tyler Spadgenskes Werkstatt in Minnesota zu
interessanten Entwicklungen ...

DATEN

BAUMEISTER	Tyler Spadgenske
BAUZEIT	30 Stunden
BAUKOSTEN	etwa 150 €
SCHWIERIGKEIT	mittel

MATERIALIEN

→ Raspberry Pi 1 Model A+
→ Adafruit FONA uFL
  Version Cellular
→ 3.5" Touchscreen-Display
→ Kameramodul
→ Powerboost
  500 basic-Aufwärts-
  wandler
→ GSM-Antenne
→ 1 W 8 Ohm
  Metalllautsprecher
→ USB-WLAN-Stick
→ Electret-Mikrofon
→ 1200 mAh Lithium-
  Ionen-Akku
→ 4–40 x 3/8" Schrauben
→ M2.5 x 5mm Schrauben
→ M2.5 x 20mm
  Schrauben
→ M2 x 5mm Schrauben
→ Schiebeschalter
→ Draht

Das Projekt

Tyler Spadgenskes Tytelli Smartphone ist ein erstaunliches Projekt: Es sendet und empfängt Anrufe sowie Textnachrichten und schießt Fotos, die es auf einen Online-Speicher lädt. Sein Gehäuse ist aus dem 3-D-Drucker und ein Touchscreen mit 320 x 240 Pixel sorgt dafür, dass es ohne Drucktasten auskommt!

Tylers Smartphone auf Pi-Basis ist zwar nicht das erste seiner Art (Dave Hunts PiPhone gebührt nach allgemeiner Auffassung diese Ehre), aber vielleicht das aufwendigste.

Sein Kernstück ist ein Raspberry Pi Model A+ in Verbindung mit einem SIM800 GSM-Modul (das man oft bei alten Smartphones findet), außerdem ein 5 Megapixel-Raspberry Pi-Kameramodul und ein Lithium-Ionen-Akku. Am meisten beeindruckt die eigene Software auf Python-Basis.

//

Der Code

Für das Tytelli brauchst du nur die Online-Anleitung (siehe S. 219). Am wichtigsten ist das Betriebssystem »TYOS«, eine grafische Benutzeroberfläche, die ein Overlay für Raspbian darstellt (das eigentliche Betriebssystem).

//

< 163 >

< 164 >

Ein eigener Touchscreen
für ein selbst gebautes
Smartphone klingt zwar
unmöglich, doch Tylers
Projekt beweist das
Gegenteil.

Was macht man aus dieser Idee?

Wie andere Tytelli-Bastler könntest du Tyler helfen, sein Projekt zu verbessern, indem du es nachbaust. Vielleicht kannst du deine Version eines Media Players installieren oder sogar ein Spiel laufen lassen, das du geschrieben hast?

Tyler dachte zum ersten Mal über ein eigenes Smartphone nach, als er die technischen Daten des ursprünglichen Raspberry Pi las. Er sah, dass er einen BCM2835-Prozessor nutzte, den man oft in frühen Smartphones fand. Da kam ihm der Gedanke, »den Pi wieder in ein Telefon zu verwandeln«.

Das Projekt war nicht ohne Tücken. Am schwersten war es, alles zusammen zum Funktionieren zu bringen. Das Display war eine Sache, aber der Anschluss von GMS-Modul, Touchscreen und Kamera – und sie davon zu überzeugen, als Einheit zu funktionieren – war eine ziemliche Herausforderung.

Tyler wurde ihr gerecht und brachte ein Projekt zustande, das viel Lob und Aufmerksamkeit einheimste.

Der Baumeister

Tyler Spadgenske entdeckte den Pi 2013 und hatte im Folgejahr seinen ersten Baukasten. Der Schüler aus Buffalo, USA, brachte sich die Programmiersprache Python bei. Nach eini-

gen Anfängerprojekten mit dem Pi stellte er fest, dass er bereit für etwas Schwierigeres war.

2014 – immer noch recht neu in der Pi-Welt – begann er die Arbeit an einem sprachgesteuerten humanoiden Roboter, den er »Andy« taufte. Das Projekt war aber nur ein Teilerfolg, denn Tyler hatte Mühe, seine Schöpfung reibungslos gehen zu lassen. Außerdem fand er die Sprachsynthese nur »mittelprächtig«.

Trotzdem nahm er sich eine weitere ehrgeizige Schöpfung vor – ein voll funktionsfähiges Smartphone. Das Ergebnis war das Tytelli – und diesmal ist »mittelprächtig« auf keinen Fall eine zutreffende Beschreibung.

TIPPS

- Setze dein Smartphone Stück für Stück zusammen. Schließe den Bildschirm an und teste ihn. Dann schließe die Kamera an und teste sie. Verlöte nicht alles auf einmal, denn das wird nicht funktionieren.

- Mach dich mit dem Pi und mit Elektronik-Basteleien vertraut, bevor du ein Tytelli baust. Es ist womöglich leichter als du glaubst, dir ein Smartphone zu bauen, aber es ist nicht das einfachste Projekt.

- Prüfe elektrische Anschlüsse dreimal, bevor du sie unter Strom setzt. Der Pi ist zwar billig, Zeit aber kostbar und du willst sie sicher nicht damit verbringen, auf Ersatzteile zu warten.

Inspiriert war das
Projekt von der
Erkenntnis, dass
der Prozessor des
Pi oft in frühen
Smartphones verbaut wurde.

Media Center

Technik der 1980er trifft in diesem roten Retro-Refit auf den Pi, um Musik abzuspielen und Videos zu streamen.

DATEN

BAUMEISTER	Martin Mander
BAUZEIT	180 Stunden
BAUKOSTEN	etwa 100 €
SCHWIERIGKEIT	fortgeschritten

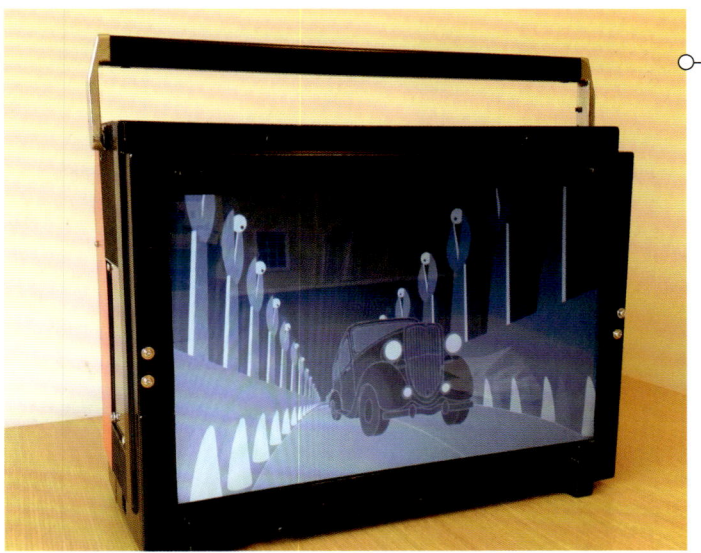

Martin wollte das Media Center ursprünglich an den Fernseher hängen, doch war es groß genug für einen eigenen Bildschirm.

MATERIALIEN

MATERIALIEN

- → 1981 Sharp VC-2300H tragbarer Videorekorder
- → Raspberry Pi Model B+
- → USB-Hub
- → Vierfachstecker
- → Vierfach-USB-Adapter
- → Funk-Adapter
- → Microsoft USB IR-Receiver
- → USB-Maus (zerlegt)
- → 15" Flachbildschirm (zerlegt)
- → Carbon Frog Matrix Clock auf Arduino-Basis
- → Leuchtkabel
- → Grundierung Hellgrau
- → rote Sprühfarbe

Das Projekt

Martins Media Center ist in einem umgebauten tragbaren Videorekorder aus den 1980ern untergebracht, den der Bastler für unter 10 € bei eBay ergatterte. Anfangs wollte er nur einen Pi einbauen, um ihn an den Fernseher anzuschließen. Aber nachdem er das ausladende Innenleben entfernt hatte, war dort viel mehr Platz!

Der Videorekorder basiert nun auf einem Raspberry Pi Model B+, mit einer Uhr auf Arduino-Basis und einem leuchtenden »Kassetten«-Tape, das aufspringt und die Anschlüsse eines USB-Hubs präsentiert. Am wichtigsten sind der integrierte 15-Zoll-HD-Flachbildschirm und eine transparente Abdeckung, durch die der Pi zu sehen ist.

//

Der Code

Martins Projekt nutzt das Raspbmc Media Center als Betriebssystem, das sich jedoch inzwischen zu OSMC (Open Source Media Center) entwickelt hat. OSMC ist weit überlegen, denn es hat ein großes Online-Gefolge, das es moddet und verbessert. Es basiert auf Debian Jessie, der gleichen Linux-Version wie Raspbian: Wenn man also gern daran herumbastelt, ist es sehr vertraut. Man kann sich OSMC unter osmc.tv herunterladen.

//

< 167 >

Neben Strom aus der Steckdose nutzt das Media Center auch Batterien für Eject-Mechanismus und LEDs.

Obwohl die ursprünglichen Knöpfe des Videorekorders noch diversen Funktionen dienen, verbrachte Martin viel Zeit damit, sie als Steuerung der Raspmc-Software umzufunktionieren. Letztlich nahm er eine zerlegte Maus, um die wichtigen Knopf-Aktionen zu übernehmen, und steuerte den Rest durch eine normale Fernbedienung oder per Telefon-App.

Martins Media Center kann Videos über WLAN streamen, Internetradio abspielen und Dateien aus dem Netzwerk, über USB oder interne Speichermedien anzeigen. Für Martin sticht aber vor allem die Farbe hervor. Er wollte es unbedingt schwarz oder braun ansprühen, versteifte sich dann aber auf das von seiner Frau vorgeschlagene »Raspberry-Rot«. Es war ein toller Tipp, der das Endprodukt enorm aufwertete.

Ausgefeilt, wie es ist, überrascht es vielleicht, dass es Martins allererstes Pi-Projekt

< 168 >

Alte Technik lässt sich toll für Pi-Projekte verwenden. Man muss jedoch auch etwas auswählen, in das alles hineinpasst!

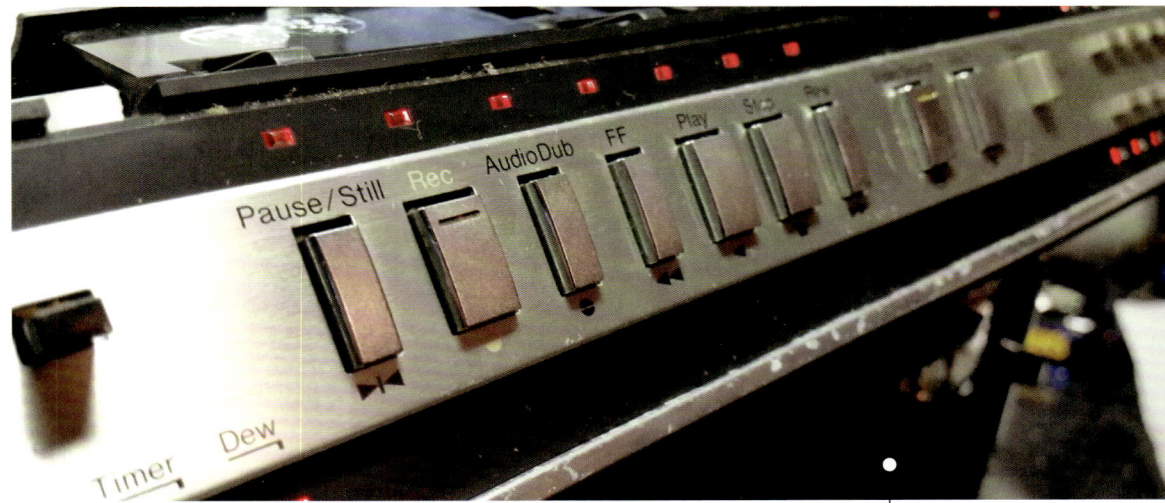

Martins Entwurf nutzt einige Knöpfe des Videorekorders, die mithilfe der Schalter einer zerlegten USB-Maus funktionsfähig wurden.

war. Er war also noch komplett neu in der Welt der GPIOs und Python-Codes. Mit vermehrter Erfahrung könnte er es nun sehr viel leichter bauen, besonders da sich die Media-Center-Software entwickelt hat. Er schwört, eines Tages den Videorekorder noch einmal richtig anzugehen!

Was macht man aus dieser Idee?

Du hast sicher etliche Ideen, was du mit dem Raspberry Pi anfangen willst, aber es schadet vermutlich nicht, dein Projekt stilvoll mit einem hübschen Gehäuse abzuschließen. Retro-Technik ist ein toller Ansatzpunkt. Es gibt wunderschöne kaputte Geräte, die geradezu darum betteln, wiederverwendet zu werden (auch wenn du nur das Gehäuse nutzt). Martin stellte jedoch fest, dass es schwierig sein kann, die ursprünglichen Knöpfe einzubinden.

< 169 >

Der Baumeister

Martin Mander ist seit seiner Kindheit von Technik begeistert. Er denkt gern an die ersten Videorekorder und Stereoanlagen seiner Familie zurück und macht aus alten Geräten neue, einsatzfähige mit modernen Bauteilen. Nachdem er etliche Retro-Fernseher mit LCD-Bildschirmen ausgestattet hatte, lernte er den Raspberry Pi kennen. Martin schaute sich die Technik an und war sofort von Leistung und Größe des Pi verblüfft: Seine geschätzte alte Technik ist von Natur aus riesig, während der Pi winzig ist, sodass er ideal hineinpasst.

Das Media Center war ein wahres Herzensprojekt für Martin. Obwohl es genau so geworden ist, wie er es sich erhofft hatte, ist er entschlossen, zukünftige Projekte geradliniger anzugehen. Er hat seither ein Internet-Radio im Retro-Stil gebaut (siehe S.148–151) und arbeitet an einer Reihe von Projekten mit dem Internet der Dinge, indem er den Pi einsetzt, um Amazons sprachgesteuerten Service *Alexa* zu nutzen.

Ein transparentes Acryl-Fenster zeigt das Herz des Media Centers – einen Raspberry Pi Model B+.

< 170 >

TIPPS

- Nutzt du Projektsoftware oder Programmcodes aus dem Netz, halte nach neuen Versionen Ausschau, die Probleme beheben oder neue Funktionen freischalten.

- Veranstaltungen der Maker-Community sind eine gute Gelegenheit, um sich inspirieren zu lassen sowie Add-ons und Zubehör zu entdecken. So lernte Martin die Carbon Frog Clock kennen — sonst hätte er davon nie erfahren.

- Vergiss nicht, im Ramschladen vor Ort nach Bauteilen Ausschau zu halten. Diese Geschäfte haben oft Gegenstände voller nützlicher LEDs, Schalter und Sensoren im Angebot, die man zerlegen und neu einsetzen kann.

Martins Projekt ist die perfekte Mischung: moderne Funktionen im klassischen Gewand.

< 171 >

Bau los! → Lunchbox-Laptop

Dieser leicht zu bauende Computer leistet vieles,
was ein normaler Laptop leistet, ist aber sehr viel
billiger und macht beim Herumtragen mehr Spaß!

DATEN

BAUMEISTER	Jason Benson
BAUZEIT	2 Stunden
BAUKOSTEN	etwa 100 €
SCHWIERIGKEIT	leicht

MATERIALIEN

- → Lunchbox
- → kleiner 12 V LCD-Monitor mit Composite-Eingang
- → Micro-USB-Kabel
- → 2,1 mm 12 V-Stecker männlich
- → 2 x 9 V-Batterieclips
- → 2 x 9 V-Batterien
- → Raspberry Pi 1 oder Pi 2/3 mit Cinch-Adapter
- → Gehäuse für Raspberry Pi
- → kurzes männlich zu männlich-Cinch-Kabel (oder männlich zu männlich-Adapter)
- → DC 12 V zu 5 V-USB-Spannungswandler
- → 2,1 mm (1) weiblich zu (2) männlich »Y«-Adapterkabel
- → kleine Funktastatur
- → Schrumpfschlauch
- → Schaumband

Das Projekt

Der Lunchbox-Laptop ist ein Computer auf Pi-Basis, der in eine normale Brotbox gebaut wurde. Mit WLAN, Webbrowser und Word-Prozessor ist dieses praktische Projekt ein garantierter Eisbrecher: Öffne ihn in einem Café oder Bistro – es kommt bestimmt jemand und fragt danach!

Das Projekt begann mit einer kleinen Lunchbox, die Jason im Abverkauf erstand. Er wusste nicht, wozu er sie benutzen wollte, aber ihm gefielen Stil und Größe. Wochen später, als er an einem anderen Problem knabberte, fiel sein Blick wieder darauf. Er erkannte, dass er

alles in seiner Werkstatt hatte, um einen Lunchbox-Laptop zu bauen. Die erste Version stellte er in nur einer Stunde zusammen!

Der Baumeister

Jason Benson ist ein ITler aus Philadelphia, USA. Er ist Maker, Hardware- und Software-Hacker, Künstler und Träumer, der es nie leid wird, Dinge zu bauen oder zu modifizieren. Er beschreibt sich als »Geekigen Tausendsassa«.

Jason wuchs mit den 8-Bit-Computern der 1980er auf. Er verfolgte ihre rasante Entwicklung und liebt moderne, schnelle Rechner, aber ein Teil von ihm denkt gern an die einfachen, leicht verständlichen Geräte seiner Jugend zurück. Als er von einem günstigen Computer erfuhr, der überall hineinpasste – dem Pi – wusste er, dass er damit basteln wollte.

Hol dir den Code:
quartoknows.com/page/raspberry-pi

ANLEITUNG

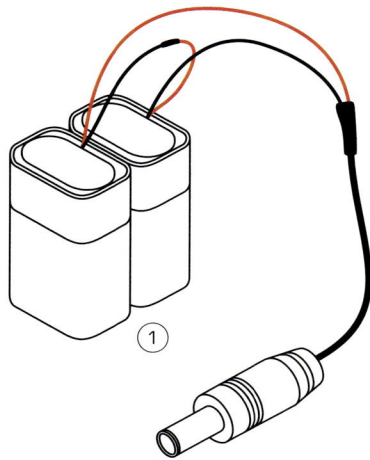

1. Baue einen Akku

Zur Stromversorgung baue einen 18 V-Akku aus zwei
9 V-Batterien, die in Serie geschaltet sind. Schiebe ein Stück
Schrumpfschlauch über den negativen (schwarzen) Draht
eines 9 V-Batterieclips. Verlöte den schwarzen Draht mit
dem positiven (roten) Draht aus dem anderen Batterieclip
und isoliere die Verbindung mit Schrumpfschlauch.

Verlöte die verbleibenden positiven und negativen Drähte
mit den entsprechenden Drähten eines 2,1 mm männlichen
Steckers. Isoliere wieder mit Schrumpfschlauch, um Kurz-
schlüsse zu vermeiden.

Stecke die 9 V-Batterien in die Clips. Schon hast du einen
18 V-Akku mit Stecker.

2. Stecke deinen Spannungswandler an

18 V ist eine zu hohe Spannung für den Pi. Du musst sie in 5 V
umwandeln und einen USB-Anschluss anfügen.

Dazu nimm das 2,1 mm Y-Adapterkabel (männlich zu weiblich) und
schneide eines der männlichen Enden ab. Ziehe die Ummantelung
ab, um die positiven und negativen Drähte freizulegen. Löte sie an
die entsprechenden Drähte des Spannungswandlers (isoliere die
Verbindungen mit Schrumpfschlauch).

Stecke die Batterie in das Y-Kabel. Dann fließt der Strom durch
den Spannungswandler und den anderen männlichen Stecker (der
später zum LCD führt).

< 174 >

3. Prüfstand

Verbinde über ein Micro-USB-Kabel einen der USB-Stecker des Spannungswandlers mit dem Stecker des Pi. Mit einem Cinch-Kabel (oder männlich zu männlich-Adapter) stecke den gelben Video-Stecker des LCD in die gelbe Cinch-Buchse auf dem Pi.

Verbinde den männlichen Stecker des 2,1 mm Y-Kabels mit der roten Strombuchse auf dem LCD.

Schließlich verbinde den Akku mit dem 2,1 mm Y-Kabel. Der Pi sollte automatisch hochfahren. Nach ein paar Sekunden sollte das Display den Bootvorgang zeigen.

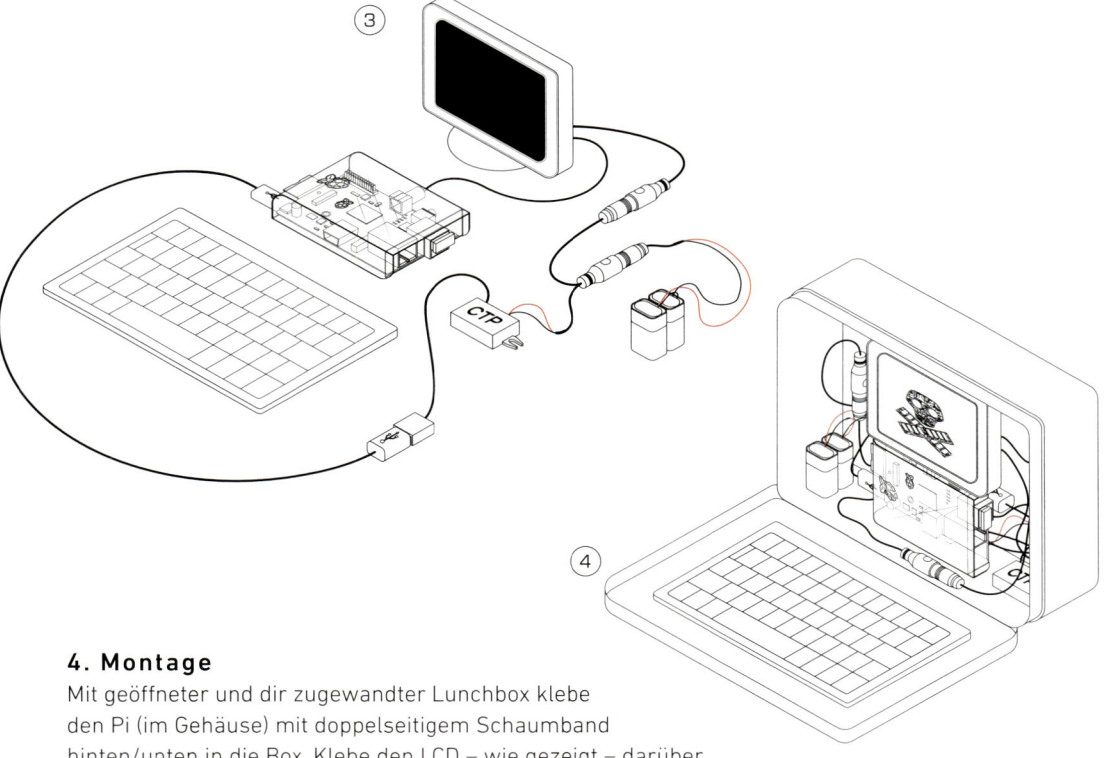

4. Montage

Mit geöffneter und dir zugewandter Lunchbox klebe den Pi (im Gehäuse) mit doppelseitigem Schaumband hinten/unten in die Box. Klebe den LCD – wie gezeigt – darüber.

Klebe mit Schaumband ein Klettband unten links an und befestige damit die Batterien. Du solltest auch den Spannungswandler mit Schaumband an die rechte Seite der Lunchbox kleben.

Als Letztes klebe die Tastatur in den Deckel der Lunchbox. Denke daran, dass du hinter die Tastatur kommen musst, um die Batterien auszutauschen oder aufzuladen. Also ist es am besten, sie an einem Rand zu befestigen, damit man sie nach oben klappen kann.

< 175 >

Bau los!

Joghurtmaschine

Man bekommt zwar Joghurtmaschinen zu
kaufen, aber für Sebastian Schneckeners
Familie waren sie alle zu klein, denn sie
vertilgt wöchentlich fast vier Kilo Joghurt!

DATEN

BAUMEISTER	Sebastian Schneckener
BAUZEIT	20 Stunden
BAUKOSTEN	etwa 80 €
SCHWIERIGKEIT	mittel

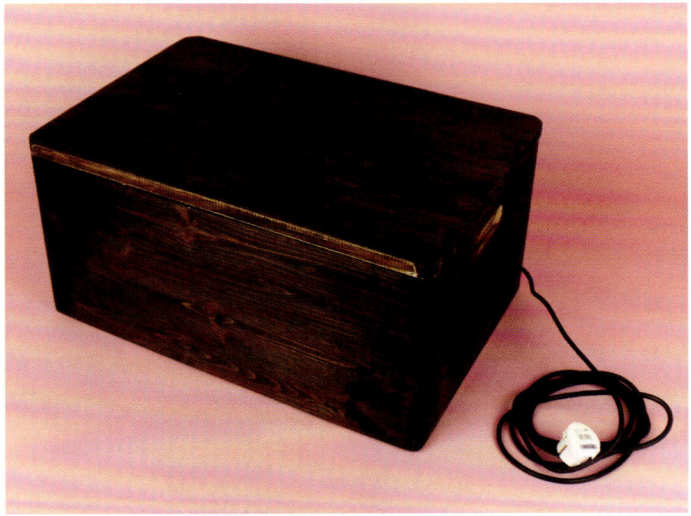

MATERIALIEN

→ Raspberry Pi
  (jedes Modell)

→ 100 W (Wolfram-)Glüh-
  lampe (keine Energie-
  sparlampe)

→ Halbleiter-Relais

→ Temperatursensor Typ
  DS18B20

→ 3 x 500 Ohm Widerstände
  (für Relais und LEDs)

→ 4,7 K Ohm Widerstand
  (für Temperatursensor)

→ grüne, rote und gelbe
  LEDs

→ Transistor 2N3904

→ 90 cm Kabel (für Netz-
  spannung geeignet)

→ kurze Kabelstücke (für
  niedrige Spannungen)

→ 5 V-Stromquelle

→ Behälter (eine Holzkiste
  wie hier ist ideal)

→ Styropor-Platten zum
  Auskleiden des Behälter
  (etwa 12 mm dick)

→ Holz-/Plastikkleber

→ Bohrer

→ Cutter

→ Schraubendreher

→ Zange

→ Lötkolben

Das Projekt

Die Wissenschaft des Joghurts ist einfach. Man kann alles in der Küche erledigen, bis auf einen wichtigen Schritt: Die Joghurtkulturen müssen mehr als fünf Stunden auf einer konstanten Temperatur von 38 °C bleiben.

Im Grunde ist eine Joghurtmaschine einfach ein Behältnis mit Temperatursensor und Wärmequelle. Ein Pi überwacht und regelt die Temperatur, sodass sie auf 38 °C bleibt, während sich die Joghurtkulturen vermehren. Er protokolliert das Ganze auch und betreibt Anzeige-LEDs. Das Endergebnis? Jede Menge leckerer selbst gemachter Joghurt!

Der Baumeister

Für Sebastian Schneckener ist der Raspberry Pi eine günstige Ressource, mit der er herumprobieren kann. Er hat seinen Pi schon für diverse Projekte genutzt, etwa als Backup-Gerät für seine Apple Time Machine auf dem Mac und als Musik-Server. Aber erst mit einer Joghurtmaschine befriedigte er ein reales Bedürfnis seiner Familie.

Hol dir den Code:
quartoknows.com/page/raspberry-pi

< 177 >

ANLEITUNG

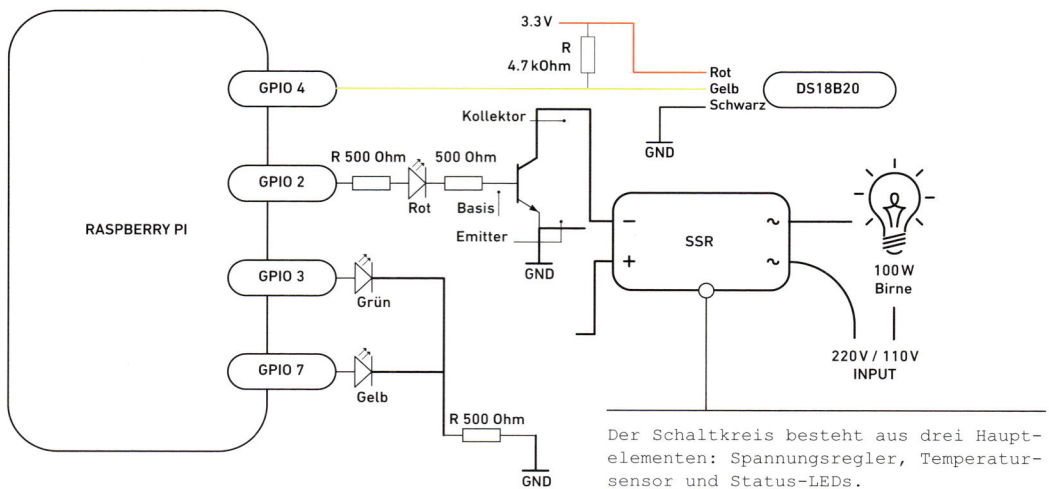

Der Schaltkreis besteht aus drei Haupt-elementen: Spannungsregler, Temperatur-sensor und Status-LEDs.

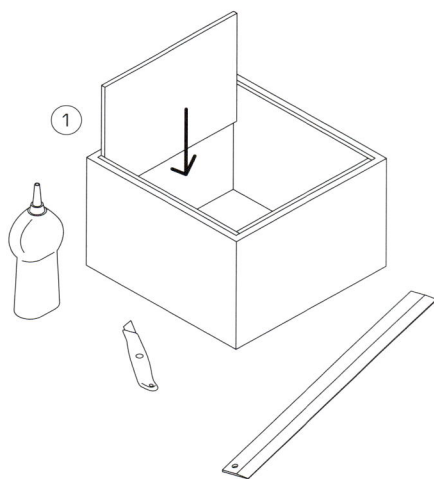

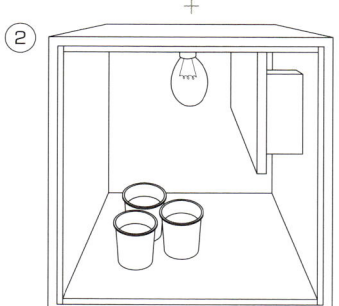

1. Baue deinen Behälter

Du kannst den Behälter bauen, wie er dir gefällt. Einzige Bedingung: Er muss mit Styropor isoliert sein. Der Prototyp dieses Projekts war einfach eine große Styropor-Box, die sowohl als Behälter als auch als Isoliermaterial diente. Die Version hier besteht allerdings aus Holz mit Styropor-Platten, die zugeschnitten und in die Kiste geklebt sind.

2. Baue eine Birne ein

Die Wärmequelle ist eine normale Glühbirne, die in die Box eingebaut ist (es ist wichtig, dass es eine Glühbirne mit Wolfram oder eine Halogen-birne ist, die auch warm wird). Eine Birne mit niedriger Leistung, etwa 100 W, ist ideal, denn stärkere Birnen werden zu heiß. Mach ein Loch in die Seite deines Behälters, um das Stromkabel der Birne durchzufädeln.

< 178 >

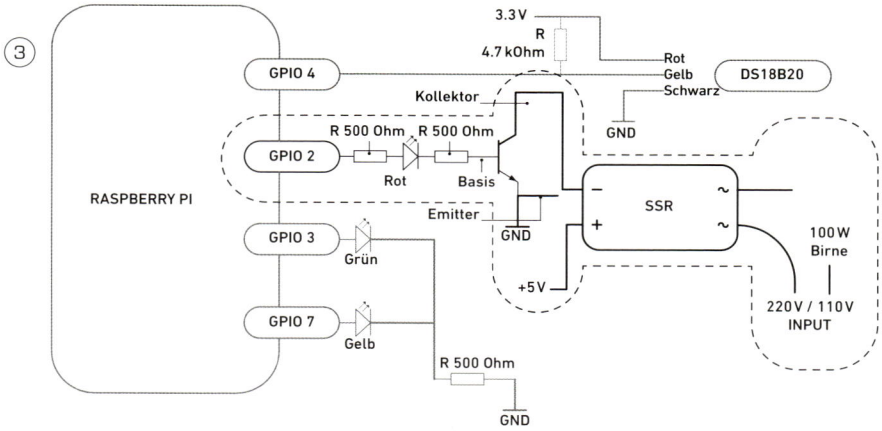

3. Schließe den Spannungsregler an

Für das Projekt muss die Birne an- und abgeschaltet werden, um eine gleichbleibende Temperatur von 38 °C im Inneren der Kiste zu garantieren. Eine 100 W-Lampe kann man nicht direkt mit dem 3,3 V-Ausgang des Pi steuern, deswegen nutzen wir ein Halbleiter-Relais (SSR). Weil das

SSR 5 V braucht und der Pi 3,3 V liefert, wird mit einem weiteren Transistor die Leistung aus der GPIO »verstärkt«. Da an dieser Stelle Netzspannung (220 V/110 V für die Glühbirne) im Spiel ist, lass jemanden deinen Schaltkreis prüfen, wenn du dir unsicher damit bist.

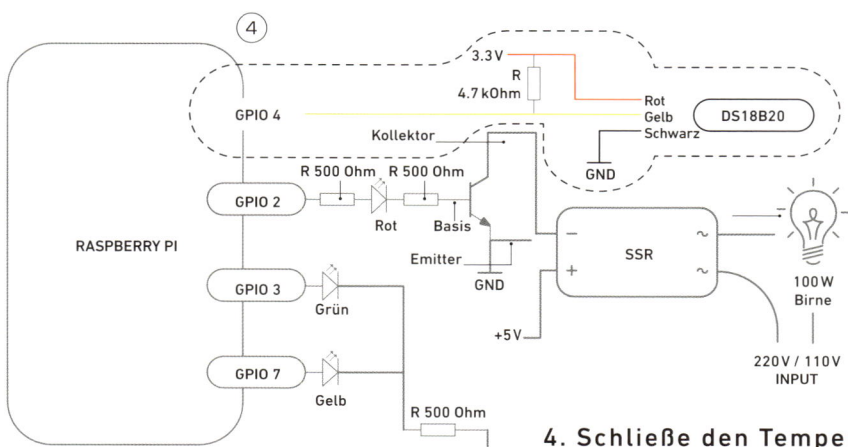

4. Schließe den Temperatursensor an

Die Temperatur in der Joghurtmaschine wird mit dem Temperatursensor gemessen, der – wie hier gezeigt – an den 3,3 V-Strom, GND und einen GPIO-Pin des Pi angeschlossen ist.

< 179 >

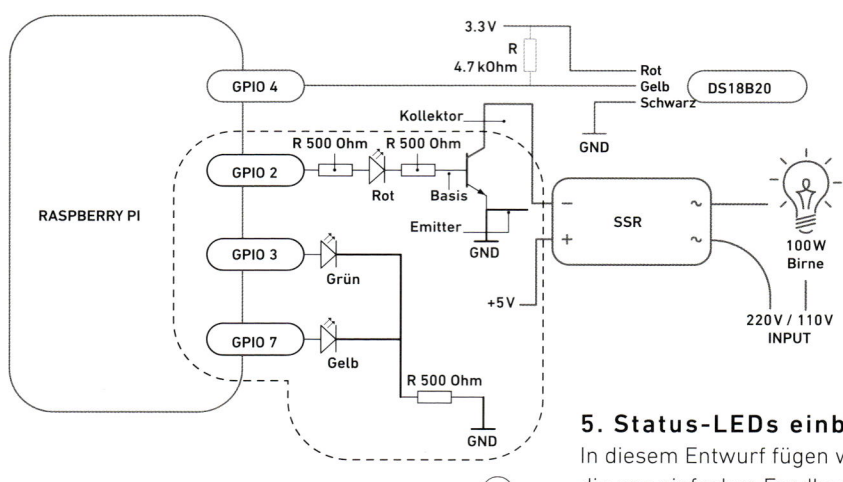

3.3 V
R
4.7 kOhm

Rot
Gelb — DS18B20
Schwarz

GPIO 4

GND

Kollektor

R 500 Ohm   R 500 Ohm

GPIO 2

Rot   Basis

Emitter

GND

GPIO 3

Grün

+5 V

GPIO 7

Gelb

R 500 Ohm

GND

RASPBERRY PI

SSR

~
~

100 W
Birne

220 V / 110 V
INPUT

(5)

5. Status-LEDs einbauen

In diesem Entwurf fügen wir drei LEDs ein, die uns einfaches Feedback geben: eine rote LED zeigt, dass die Wärmequelle an ist, eine grüne LED, dass die Temperatur im richtigen Bereich liegt, eine gelbe LED, dass die Temperatur zu hoch ist. Insgesamt muss man zehn Bauteile auf das Breakout Board löten.

6. Sensor-Support

Binde den Temperatursensor mit folgender Zeile in */boot/config.txt* ins Betriebssystem ein. Man kann diese Datei mit Nano editieren, indem man **sudo nano /boot/config.txt** eingibt. Scrolle in der Datei nach unten und tippe:

dtoverlay=w1-gpio

Starte den Pi mit **sudo reboot** neu und öffne Nano. Kopiere den Code *thermostat.py* und *readTemperature.py* von der Webseite dieses Buches und speichere sie auf dem Pi.

```
dtoverlay=w1-gpio
```

(6)

< 180 >

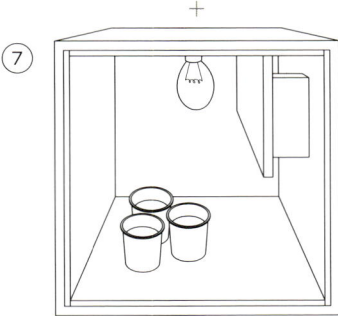

7. Deine Joghurtmaschine in Aktion

Das Python-Script *thermostat.py* regelt die Temperatur in der Kiste und ist mit Python im Raspbian-Betriebssystem vor-installiert. *thermostat.py* kann man eine einzelne Zieltem-peratur oder eine Ober- und Untergrenze vorgeben.

Alle zehn Sekunden prüft *thermostat.py* die Temperatur in der Kiste und nutzt die Infor-mation, um das SSR ein- oder auszuschalten (um die Birne zu aktivieren) und die Anzei-ge-LEDs zu steuern. Es schreibt den Status in eine Log-Datei, die automatisch als *thermostat. txt* gespeichert wird.

Starte **sudo pyhton3 thermostat.py.** Die rote LED sollte leuchten, um zu zeigen, dass der Kreislauf zur Erhitzung funktioniert. Außer-dem sollte die Birne angehen, um deine Kiste aufzuheizen. Nach einigen Minuten hat die Temperatur im Inneren 38 °C erreicht und wird aufrecht-erhalten, während dein Joghurt entsteht.

TIPPS

● Du findest mehr über den DS18B20-Temperatur-sensor auf learn.adafruit.com/adafruits-raspberry-pi-lesson-11-ds18b20-temperature-sensing/overview heraus.

● Es lohnt sich, den Schaltkreis vorher auf einer Lochrasterplatine auszuprobieren, bevor man alles verlötet. Es ist kein sonderlich komplexer Schaltkreis, aber man testet besser, ob alles funktioniert, bevor man ernst macht.

● Außer Kuhmilch kannst du Alternativen wie Ziegen-, Yak- oder sogar Kamelmilch probieren! Du kannst griechischen Joghurt machen, indem du ihn durch ein Stofftuch filterst. An heißen Tagen erfrischt dich türkischer Ayran aus Joghurt mit Wasser und Salz.

Mach dir Joghurt!

Entgegen mancher Behaup-tung ist es nicht nötig, dein Zubehör zu sterilisieren, wenn du Joghurt machst – deine Joghurtkulturen verdrängen alles andere!

Wirf die Joghurtmaschine an und lass sie, wie im vorigen Schritt erläutert, aufheizen. Währenddessen erhitze etwas Milch auf dem Herd, bis sie köchelt (sie sollte mind. 70 °C erreichen). Das machst du, damit die Eiweiße der Milch denaturieren. Stelle den Milch-topf in eine Schüssel oder die Spüle mit kaltem Wasser, um sie rasch auf etwas über 40 °C abzukühlen.

Mische deine Milch mit einem Glas normalem Joghurt – dadurch kommen die wertvol-len Joghurtkulturen (Bakte-rien der Gattung *Lactobacillus*) hinein. Rühre gut um und teile die Milch auf passende Behälter auf, bevor du sie in die Joghurt-maschine stellst.

Nach fünf Stunden kannst du die Behälter herausholen, die jetzt deinen Joghurt enthalten. Am besten lässt du sie vor dem Essen im Kühlschrank abküh-len – warmer Joghurt schmeckt nicht so toll!

< 181 >

6

KUNST-PI
Wo Wissenschaft auf Kunst trifft

Das Internet des LEGO®

Cory Guynns »lebendige« LEGO Stadt demonstriert, was mit dem Internet der Dinge möglich ist und wie urbane Umfelder in der Zukunft funktionieren könnten.

DATEN

BAUMEISTER	Cory Guynn
BAUZEIT	1½ Jahre
BAUKOSTEN	etwa 1700 € (haupt-sächlich für LEGO®)
SCHWIERIGKEIT	mittel bis fortgeschritten

MATERIALIEN

→ 2 x Raspberry Pi (jedes Modell)
→ Entwicklungsboard BeagleBone Green
→ 2 x Arduino Uno
→ 1 x Arduino Mega
→ 2 x Arduino Nano
→ 2 x Cactus Micro (Arduino Lilypad-Klone mit ESP8266)
→ 5 x WeMos ESP8266-Entwicklungsboards
→ 2 x NodeMCU ESP8266-Entwicklungsboards
→ 1 x WioLink ESP8266-Entwicklungsboard
→ Ubuntu-Desktop
→ Ubuntu-Server (gehostet von Amazon Web Services)

INPUT – SENSOREN:
→ Ultraschall-Näherungssensor
→ Infrarot
→ Reed-Kontakt
→ RFID
→ Bewegung
→ Fotowiderstände

OUTPUTS
→ Motoren & Servos
→ LEDs & adressierbare LED-Streifen
→ OLED-Displays
→ 8 x 8 LED-Matrix
→ Cisco Meraki CMX & ExCap API
→ Transport for London API
→ Wetter API
→ Google Maps API
→ ThingSpeak-Datenvisualisierung
→ Weather API
→ Google Maps API
→ ThingSpeak charting

< 185 >

Das Projekt

Als Cory hörte, dass das Internet der Dinge in ein paar Jahren 14 Millionen Dollar umsetzen wird, wollte er verstehen, welche Technologien dieses Geschäft antreiben — welche Software, Hardware, Kommunikation und Anwendungsfälle diese Industrie gestalten würden. Als Pre-Sales-Systems-Ingenieur stellte er jedoch fest, dass er oft über Lösungen und Ideen sprach, aber Mühe hatte, Konzepte zu demonstrieren. Daher wollte er nicht nur die Technik hinter dem IoT erforschen, sondern auch einen Machbarkeitsnachweis liefern, indem er eine lebendige Stadt aus LEGO® baute.

Das Ergebnis sind etliche Teilprojekte, die alle über das Internet verbunden sind. Ein Highlight ist der LEGO Zugfahrplan, der mit der Transport-for-London-API, Node-RED und einem OLED-Display an einem Raspberry Pi läuft. Die Züge werden per Infrarot gesteuert und nutzen Näherungssensoren sowie einen Transceiver zur Automatisierung durch einen Pi, und per WLAN, das über ein NodeMCU ESP8266-Modul gesteuert wird, plus einen Motortreiber.

//

Der Code
Der Code von Internet des LEGO® sendet Informationen durch ein Netzwerk, um Aufgaben zu erledigen — ähnlich wie ein Tweet, der ins Telefon eingegeben, an einen Server geliefert und dann an deine Follower geschickt wird.

//

Alle Funktionen der LEGO Stadt werden von Info-Terminals gesteuert, die Daten aus dem Internet empfangen.

< 186 >

Die Züge fahren mit Echt-zeitdaten von Transport for London!

Es gibt eine LEGO Wetter-station, die mit einem Cactus Micro (Arduino/ESP8266), DHT-11-Wettersensor, Hellig-keitssensor und einem MQTT-Nachrichtensystem Datenta-bellen in Google Charts und ThingSpeak erstellt. Die Ener-giespar-Straßenbeleuchtung nutzt Bewegungssensoren mit Zeitabschaltung, was Strom spart und Bewegung im Raum kommuniziert. Außerdem nutzt ein LEGO Aufzug einen Ultra-schallnäherungssensor und einen Motor (wieder mit dem Raspberry Pi.)

Node-RED und JohnnyFive grei-fen in etliche Systeme ein, die direkt oder logisch an das Sys-tem angeschlossen sind. Das JohnnyFive.io Java-Script war das Framework für die Robotik, die Cory ansporrte, Web-Tech-nologie in die echte Welt zu übertragen. Es machte Spaß, Lichter, Servos und Sensoren mit vertrauter Netz-Sprache zu steuern. Mit einem Arduino Mega über USB an einem Rasp-

Was macht man aus dieser Idee?

Am einfachsten startet man ein solches Projekt mit einem Pi und experimen-tiert mit Node-RED. Dann holt man sich ein Grove Starter-Kit, um Sensoren, Motoren und Displays anzuschließen. Fang mit einem kleinen Gebäude an und führe ein Beleuchtungssystem ein, dann baue deine Stadt nach und nach auf.

< 187 >

berry Pi steuerte Cory sofort über etliche GPIOs alle Aspekte seiner Stadt.

Dann entdeckte Cory die Leistungsfähigkeit von Node-RED. Dieses IBM-Projekt, das als visuelle Verrohrung des Internets der Dinge dient, bot eine clevere und wirksame Methode, verschiedene Systeme zu verbinden und Analysen zu liefern oder Ablaufpläne auszulösen.

Vieles von dem, was Cory baut, ist Pionierarbeit, was bedeutet, dass er regelmäßig etwas erfindet oder erneuert. Das macht dieses Dauerprojekt aber auch so lohnend. Denn er wurde mit diesen Herausforderungen fertig und bewegt wirklich etwas im Internet der Dinge und der Maker-Community.

Unter der Stadt verbergen sich die Bauteile, die alle Funktionen steuern. Sie sind beschriftet und so angeordnet, dass man sie an neue Gebäude und Objekte anpassen kann.

Der Baumeister

Cory Guynn ist ein 35-jähriger Systemingenieur bei Cisco Meraki, der sich für die Evolution der Technik, Cloud-Netzwerk-Lösungen und das Internet der Dinge begeistert. Der Raspberry Pi war für Cory eine große Inspiration, denn auf dem kreditkartengroßen Computer läuft ein ausgewachsenes Linux-Betriebssystem – viele Dienste im Internet der Dinge werden seiner Meinung nach womöglich mit diesem günstigen, kompakten und flexiblen System umgesetzt werden.

Corys Projekt Internet des LEGO hat viel Aufmerksamkeit bekommen und wurde nicht nur in vielen Zeitschriften abgedruckt, sondern gewann auch den Internet of Things of the Year Award 2016. Ebenfalls positiv ist aus Corys Perspektive, dass die Arbeit mit dem Pi ihm die Möglichkeit gab, Schulwissen anzuwenden, das er im Beruf nicht braucht: Beim Bau der Stadt konnte er Programmiersprachen üben, Schaltkreise entwerfen und natürlich jede Menge LEGO kaufen!

Die Straßenbeleuchtung ist zeitabhängig, damit die LEGO Minifiguren ein Nachtleben haben!

3-D-Scanner

Mit mehr als 100 Raspberry Pis und
Kameramodulen wird aus diesem
3-D-Scanner nie ein billiges Projekt,
aber definitiv ein beeindruckendes!

DATEN

BAUMEISTER	Richard Garsthagen
BAUZEIT	2 Jahre
BAUKOSTEN	etwa 8500 €
SCHWIERIGKEIT	fortgeschritten

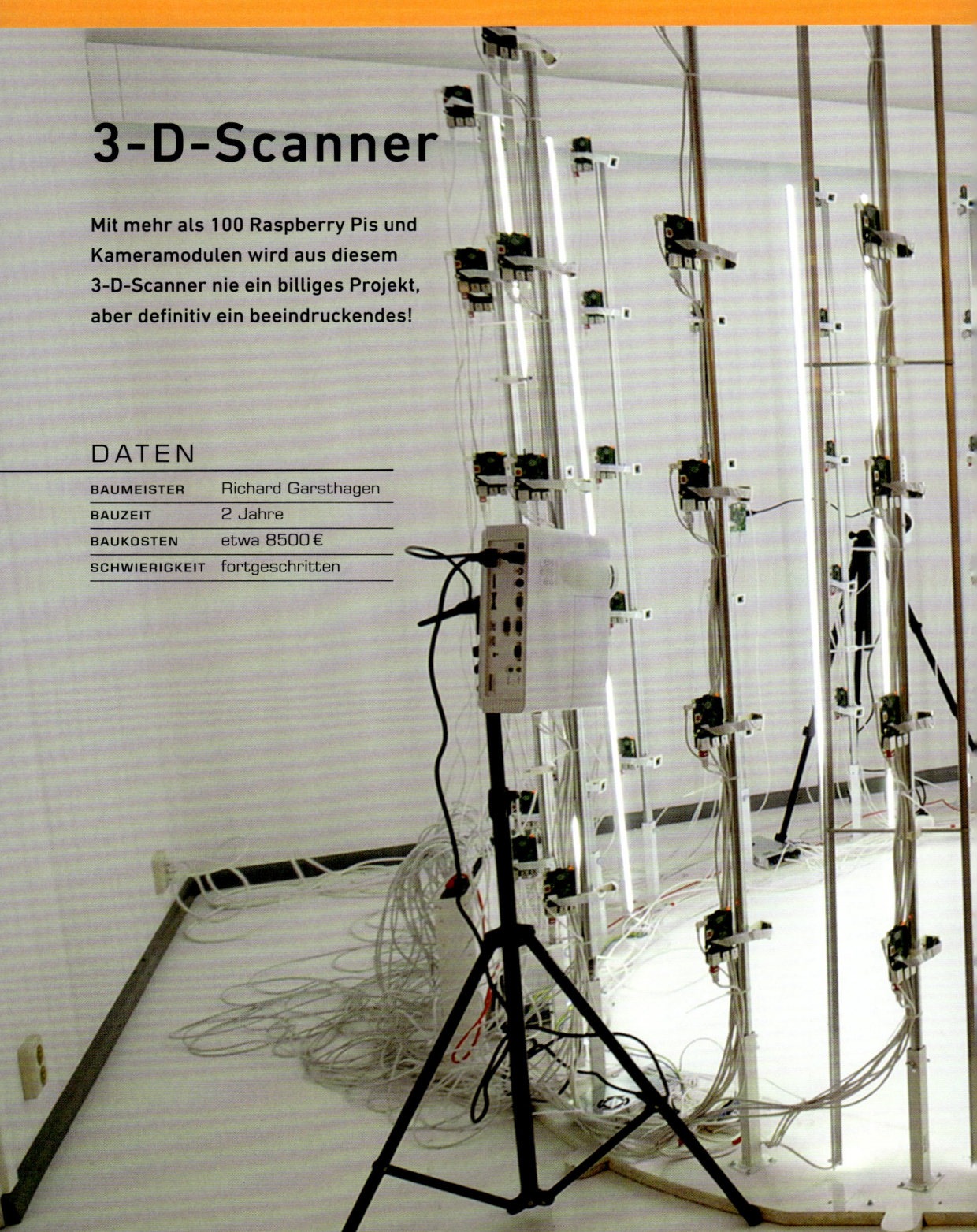

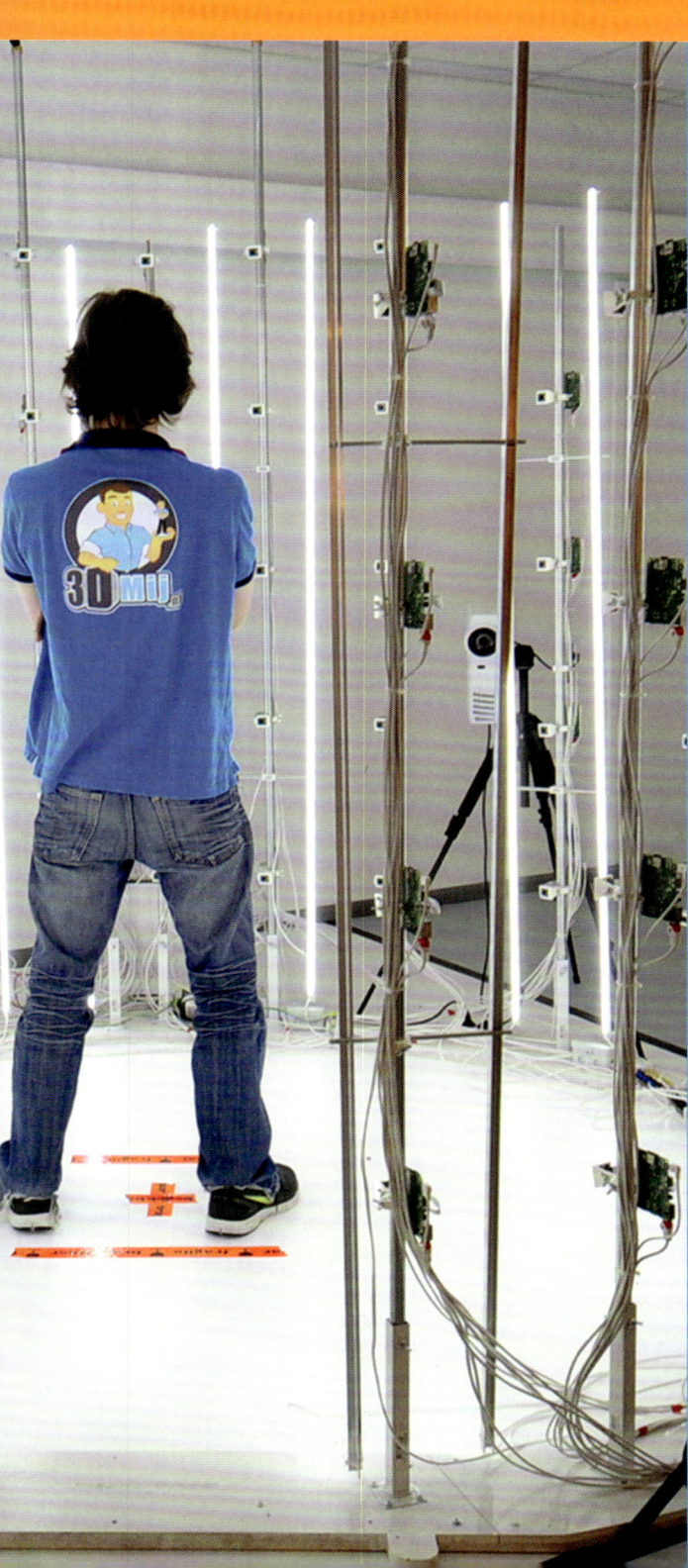

MATERIALIEN

→ 100+ Raspberry Pis (jedes Modell)

→ 100+ Pi Kameramodule

→ Ethernet-Kabel & Netzwerk-Switch

→ 5 V 60 Amp-Netzteile

→ Metallstangen

→ Kunststoffklammern aus dem 3-D-Drucker

→ Hochleistungs-LED-Streifen

→ 24 V-Netzteile für LEDs

→ Projektoren mit Raspberry Pis, über HDMI angeschlossen

Das Projekt

Richard Garsthagens 3-D-Scanner nutzt ein Netzwerk aus über 100 Raspberry Pis mit Kameramodulen, die alle gleichzeitig ein Bild machen können. Die Pis und Kamera-module sind zu einem gro-ßen »Ganzkörper«-Scanner aufgebaut – und zwar mit einfachen Stangen (Heizungs-rohren aus dem Baumarkt) und selbst entworfenen Klammern aus dem 3-D-Drucker. Noch mehr Raspberry Pis holen über Computer-Projektoren texturschwache Oberflächen heraus, während weitere Pis die LED-Beleuchtung steuern.

< 193 >

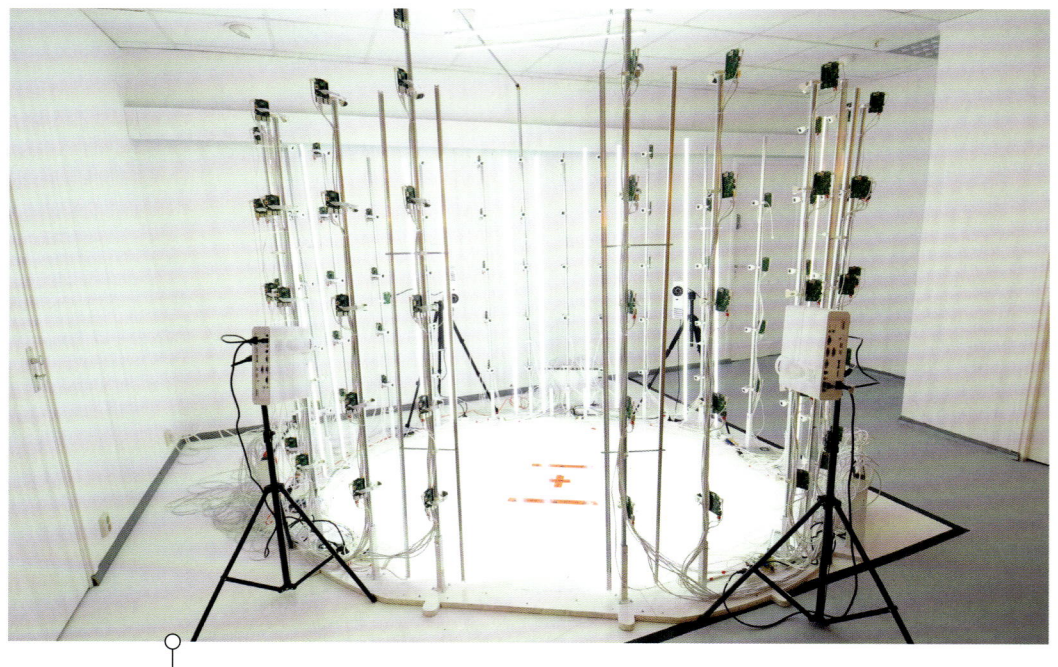

Der 3-D-Scanner besteht aus einem Kamera-Ring um das Objekt, das aus allen Winkeln aufgenommen wird.

Der »Scanner« kann mehr als 200 Bilder gleichzeitig aufnehmen, aus denen man mit Bildvermessungssoftware digitale 3-D-Modelle von Menschen, Tieren oder jedem Gegenstand erstellen kann, den man im Scan-Kreis platziert. Dieses Modell kann man dann als Miniatur ausdrucken, in Farbe, mit einem 3-D-Drucker im Pulververfahren.

Natürlich sind 3-D-Scans mit mehreren Kameras nichts Neues. Es wird jedoch üblicherweise mit normalen digitalen Spiegelreflexkameras gemacht. Da diese pro Stück über 400 € kosten, würde ein Entwurf wie dieser 40 000 € überschreiten. Mit den günstigen Raspberry Pis und Kameramodulen kostet Richards Scanner etwa 8500 € – ein erheblicher Preisunterschied.

//

Der Code

Der Code für Richards 3-D-Scanner nutzt Python. Die meisten Codes sprechen andere Computer mit dem IP-Protokoll an. Willst du jedoch multiple Computer gleichzeitig ansprechen, gibt es das UDP-Protokoll, das Multicasting unterstützt (ein Netzwerk-Paket an mehrere Geräte aussenden). In den meisten Programmiersprachen ist es einfach, UDP-Traffic zu schicken, so auch in Python.

//

< 194 >

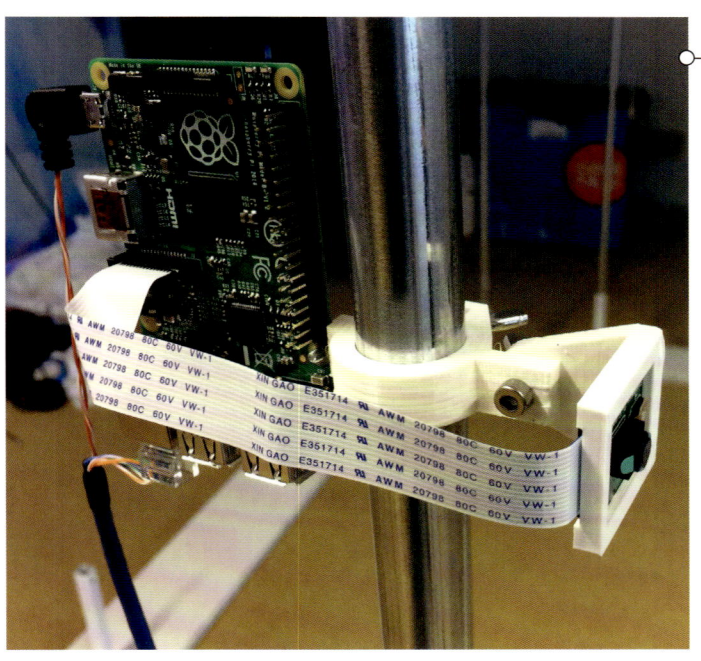

Jeder Pi mit Kameramodul ist mit einer Klammer aus dem 3-D-Drucker am Gerüst befestigt.

Richards Projekt hat viele technische Facetten, darunter Multicast-Netzwerkprogrammierung, Elektronik, die mehrere leistungsstarke LED-Streifen steuert, Computer-Projektoren, die texturschwache Oberflächen besser sichtbar machen, und außerdem Klammern aus dem 3-D-Drucker, die alle Pis und Kameramodule am Rahmen befestigen.

Nach anfänglichen Tests nahm Richard den Scanner auf einen niederländischen Maker-Markt mit, wo er kostenlos scannte. Die Reaktion war erstaunlich, denn der Scanner ist sehr groß und sieht nach Science Fiction aus. Niemand verstand, warum er die Scans umsonst anbot, aber Richard macht

einfach gern Leute glücklich – mit Minifiguren ihrer Kinder, Tiere oder von sich selbst. Zusätzlich hat er in den letzten beiden Jahren noch eine Reihe von Miniaturen von unheilbar kranken Menschen und älteren Tieren gemacht und so eine bleibende Erinnerung für ihre Familien und Partner geschaffen.

Das Projekt war – und ist – eine Lernerfahrung für Richard, der

seinen 3-D-Scanner noch weiterentwickelt und verbessert. 2014 entschied er sich, das Projekt online zu veröffentlichen, obwohl er nicht glaubte, dass sich jemand einen 3-D-Scanner bauen würde. Es gibt inzwischen aber über 100 Kopien auf der ganzen Welt – das sind mehr als 10 000 Raspberry Pis!

Was macht man aus dieser Idee?

Um Menschen (oder jedes andere bewegliche Objekt) zu scannen, nimmt man am besten multiple Kameras. Man kann jedoch auch aus nur einem Pi mit Kamera einen 3-D-Scanner machen: mit einer Laserlinse und einer Drehvorrichtung. Der bekannteste Entwurf ist das FabScan Pi Kit, das es für unter 170 € gibt.

< 195 >

Mit den Raspberry Pis kostete Richards Scanner etwa 8500€. Das ist nicht billig, aber mit digitalen Spiegelreflexkameras hätte er über 40 000€ gekostet.

Der 3-D-Scanner erstellt digitale 3-D-Modelle, die man ausdrucken kann.

Der Baumeister

Richard Garsthagen aus Zoetermeer in den Niederlanden experimentierte seit 2010 mit dem Arduino und zwei Jahre später mit dem Pi. Er hat immer mehrere Projekte am Laufen. Je nach Projekt lässt er es auf dem Arduino oder dem Pi basieren.

In den letzten Jahren hat Richard eine Reihe von Projekten umgesetzt, darunter einfache Roboter, einen automatisierten Nerf-Gun-Schießstand, elektronische Rätsel, Fallblattanzeigen, einen Rundenzeitnehmer für Rennen, eine Photobooth, die Bilder automatisch bei Facebook postet und vieles mehr!

< 196 >

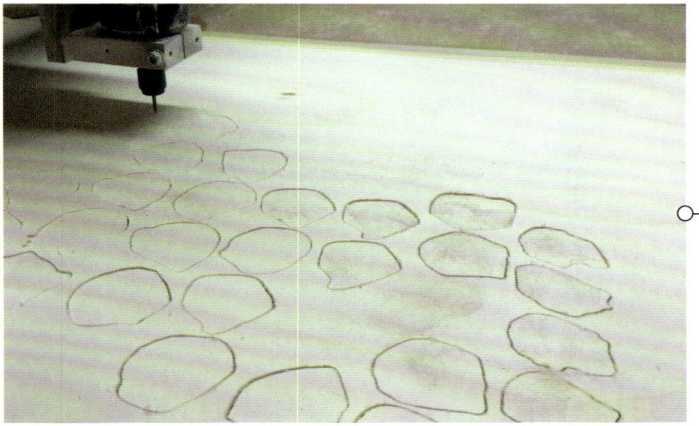

TIPPS

● Grüble anfangs nicht zu viel oder mache es zu komplex. Fang klein an und lass deine Ideen wachsen.

● Sieh vorher nach, ob jemand schon etwas Vergleichbares gebaut hat: Wenn ja, kannst du aus den Erfahrungen lernen und deinen Entwurf entsprechend anpassen.

● Mach dir keine Sorgen, ob du ein Projekt abschließen kannst oder nicht — der Weg ist das Ziel! Du fängst vielleicht Projekte an, die du nicht fertig bringst. Aber das Wissen und die Erfahrung, die du dabei sammelst, helfen dir in Zukunft.

Nebst Ministatuen aus dem 3-D-Drucker gibt Richards Scanner auch Dateien für CNC-Maschinen aus. Das Modell wird in »Scheiben zerlegt« und jede Scheibe aus Holz ausgeschnitten. Diese werden dann zu einer Statue übereinander geklebt.

< 197 >

BeetBox

Die BeetBox ist wunderbar einfach und surreal:
Tippt man eine Rübe an, ertönt ein Beat!

Die BeetBox beweist, dass Projekte mit dem Pi nicht immer ernst sein müssen. Je lustiger sie sind, desto mehr wirst du lernen.

DATEN

BAUMEISTER	Scott Garner
BAUZEIT	ca. 80 Stunden
BAUKOSTEN	etwa 85 €
SCHWIERIGKEIT	fortgeschritten

MATERIALIEN

→ Raspberry Pi (jedes Modell)

→ MPR121 kapazitiver Berührungssensor

→ Verstärker auf LM386-Basis

→ Holz & Werkzeuge zur Holzbearbeitung (für Behälter)

→ Rüben

Das Projekt

Scott Garners Werke sind oft intelligent und wohlüberlegt – das trifft auch auf die BeetBox zu. Das Projekt ist unverhohlen verspielt, wie schon das Wortspiel im Namen zeigt.

Da die BeetBox das Konzept der »unsichtbaren Technologie« verinnerlicht, sieht sie auf den ersten Blick nicht sonderlich technisch aus: Sechs Rüben stehen in einem simplen Holzregal und das war's. Zumindest bis ein Neugieriger eines der Gemüse berührt und ein Trommelwirbel oder anderer Klang aus dem verborgenen Lautsprecher ertönt!

//

Der Code

Das Python-Script stellt Scott zur Verfügung (siehe S. 219). Es sorgt dafür, dass bei Kontakt mit den Rüben bestimmte Klänge ausgelöst werden. Der Code, der eine Schnittstelle zum MPR121 kapazitiven Berührungssensor liefert, baut auf ein Arduino-Vorbild von Jim Lindblom auf.

//

< 199 >

Was macht man aus dieser Idee?

Es gibt nicht viele praktische Anwendungen für die BeetBox, außer du setzt auf ihr Potenzial als Party-Mittelpunkt. Sie bietet jedoch große Inspiration für das, was mit »unsichtbarer Technologie« möglich ist. Wenn du etwas Ähnliches baust, lernst du nicht nur, wie man Technik versteckt, sondern vielleicht auch etwas Schreinern.

Ein »Bauteil«, das nicht lange haltbar ist, sind die Rüben. Zum Glück sind sie viel billiger als Musikinstrumente!

<200>

Unter dem bescheidenen Holzgehäuse lauert ein komplexes Elektronik-Projekt, das nur ein paar Bauteile braucht. Am schwierigsten war es, den MPR121-Berührungssensor dazu zu bringen, sich mit dem Pi zu »unterhalten«. Dazu überschrieb Scott existierenden Code und folgte Online-Hinweisen, um alles flüssig zum Laufen zu bringen. Anschließend schrieb er ein Python-Script, das die Geräusche auslöst.

Letztlich war es die Mühe wert. Es macht Spaß, BeetBox-Neulinge zu beobachten, wie sie das Instrument ausprobieren: Das Projekt führt immer zu Verzagtheit, Gelächter und Zufriedenheit.

Der Baumeister

Scott Garner beschäftigt sich schon lange mit kreativen Projekten mit den Arduino-Einplatinen-Microcontrollern. Als der Raspberry Pi herauskam, faszinierten ihn die zusätzliche Leistung und Flexibilität – sowohl einzeln als auch mit dem Arduino verknüpft.

Der Baumeister ist fasziniert von »unsichtbarer Technologie«, also wenn elektronische Bauteile von alltäglichen Gegenständen verborgen werden, die nicht sofort als Elektronik-Gadgets erkennbar sind.

Sein interaktives Werk *Still Life* wirkt zum Beispiel wie ein normales Gemälde an der Wand einer Galerie. Es ist jedoch ein interaktiver 3-D-Bildschirm, in dessen Rahmen Bewegungssensoren versteckt sind. Wenn man *Still Life* neigt, reagieren die »gemalten« Gegenstände in der Szene entsprechend und fallen um, sobald sich der Rahmen bewegt.

TIPPS

● Der einfachste Einstieg in Projekte, die mit Berührung zu tun haben, ist das Makey Makey Board, das so gut wie alles in ein berührbares Eingabegerät verwandelt.

● Obwohl Scott einen Audio-Verstärker aus übrigen Teilen selbst baute, ist es möglich, den Pi direkt an externe Lautsprecher oder Kopfhörer anzuschließen.

● Denke daran, dass du nicht auf Monitore und Buttons limitiert bist, wenn es darum geht, mit Technik zu interagieren. Es gibt viele Sensoren und Stellgeräte, die gut dokumentiert und leicht anzuwenden sind. Lass dir etwas Neues einfallen!

< 201 >

Erica, das Cyber-Rhino

Erica, das Cyber-Rhino zeigt, dass ein Raspberry Pi bei wohldurchdachtem Einsatz Dinge zum Positiven verändern kann.

This rhino is a work of art.
Please do not climb on it as this could result in injury.

MATERIALIEN

Erica besteht aus Hunderten von Teilen, einige der wichtigsten sind:

→ 5 x Raspberry Pis (jedes Modell)

→ 2 x Kameras & Servos

→ Verstärker & Lautsprecher

→ 2 x Tablets mit Android

→ Glasfaser-Nashorn-Ummantelung

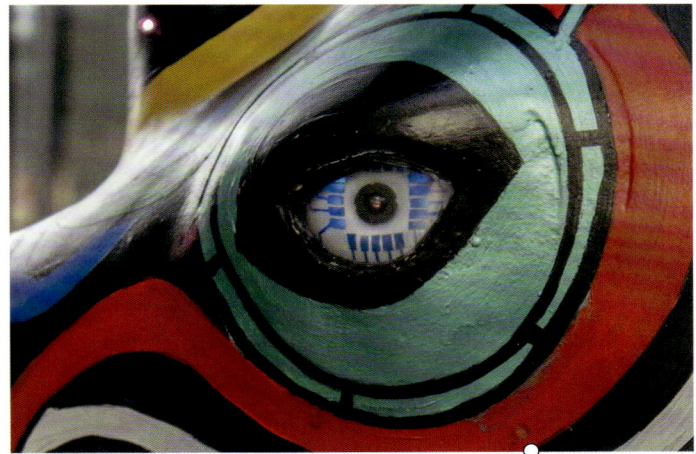

DATEN

BAUMEISTER	verschiedene
BAUZEIT	800 Stunden (mit Design)
BAUKOSTEN	etwa 4200 € (davon die Hälfte für die Nashorn-Ummantelung)
SCHWIERIGKEIT	fortgeschritten

Webcam-Augen lassen Erica die Menschenmassen »sehen«, die sie häufig anzieht, und QR-Codes lesen.

Das Projekt

Erica ist Vieles: Glasfaserskulptur, aber darüber hinaus auch ein Mittel, um das Bewusstsein für den Nashornschutz zu steigern, und ein fassbarer Knotenpunkt, um viele interaktive und intersektionale Technologien zusammenzubringen.

//

Der Code

Viel Code für Ericas interaktive Systeme ist auf der Webseite verfügbar, die dem Rhino gewidmet ist (ericatherhino.org). Du brauchst vielleicht nicht alles für deine eigene Raspberry Pi-Skulptur, aber die Elemente des Codes sind äußerst nützlich und informativ.

//

Das Konzept für Erica entstand, als der Marwell Zoo eine Gruppe an der Universität von Southampton in England unter Vertrag nahm. Der Zoo warb für den Nashornschutz, indem er etliche Kunstwerke im Umkreis aufstellte, und wollte die Universität zu einem Beitrag einladen.

Das Uni-Team zögerte nicht, aber es wollte mehr als nur eine nashornförmige Glasfaserskulptur mit auffallendem Äußeren liefern. Das Team wollte das Nashorn mit elek-

<203>

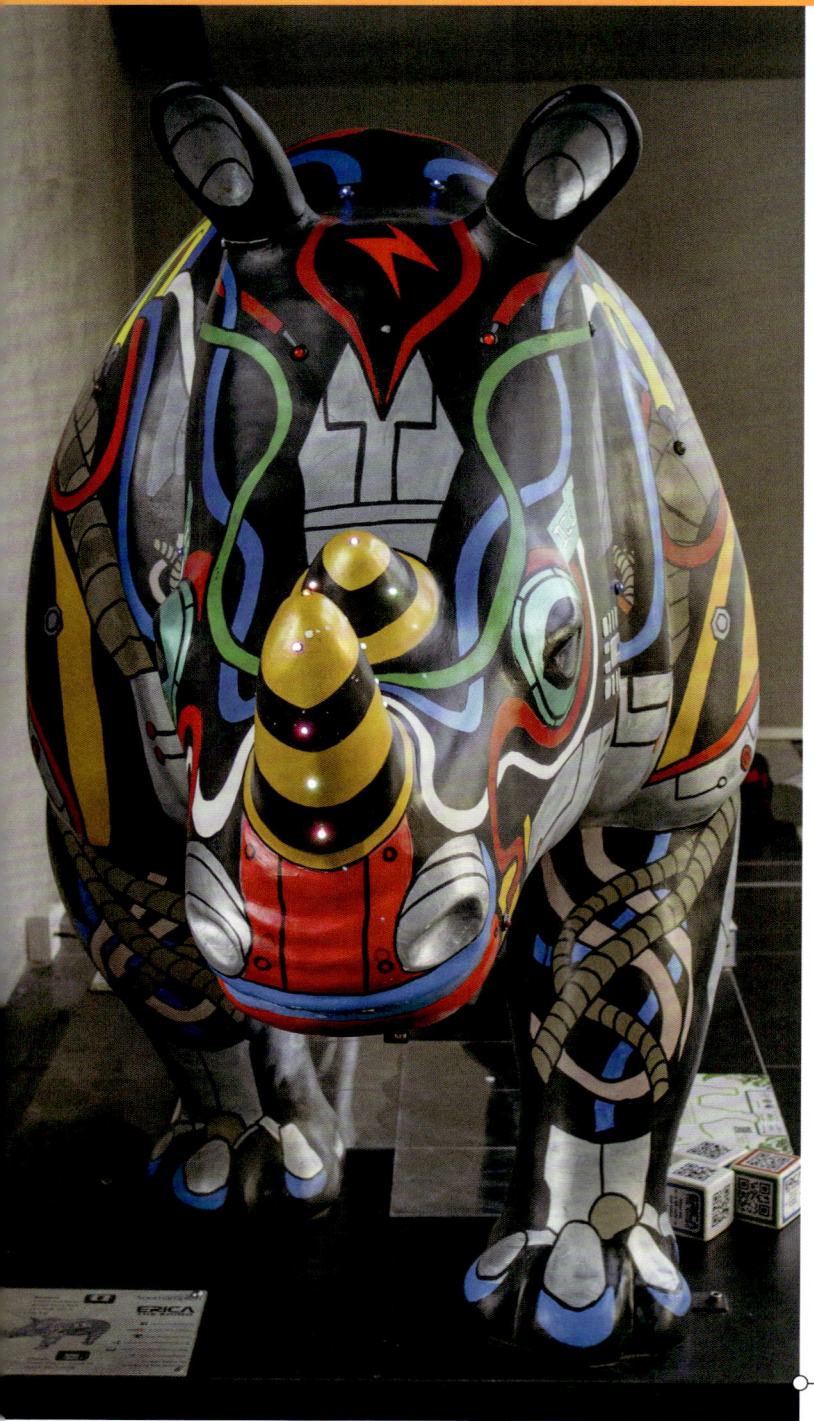

tronischen Bauteilen vollpacken und ein wahrhaft interaktives Kunstwerk schaffen – und das ist gelungen.

Das Ergebnis ist Erica, das Cyber-Rhino mit einer beeindruckenden Liste von Funktionen. Sie hat Webcam-Augen, mit denen sie QR-Codes lesen und ihre Betrachter »sehen« kann, eine Stimme über Lautsprecher, unabhängig steuerbare RGB- und normale LEDs, Berührungssensoren und interaktive Touchscreens. Über diese Technologien bietet Erica ein lokales WLAN an, kann mit Smartphones von Passanten interagieren, relevante Tweets lesen und authentische Nashorn-Geräusche von sich geben. Ihre beweglichen Ohren verleihen ihr Persönlichkeit und natürlich ist sie im Cyber-Stil bemalt. Und was treibt das alles an? Fünf normale Raspberry Pis.

Ein genauer Blick auf Erica zeigt, dass die Skulptur voller interaktiver Technik steckt.

<204>

Inzwischen ist Erica im Ruhe-stand und wird in der relativen Stille im Foyer des Mount-batten-Gebäudes der Univer-sität Southampton ausgestellt. Früher stand sie jedoch in einem geschäftigen Einkaufs-zentrum, wo sie oft neugierige Kinder anzog. Daher musste sie nicht nur technisch und baulich robust sein, sondern auch sicher für all jene, die ihre Interaktionen erkundeten und dabei vielleicht etwas zu nah kamen.

Ihr durchdachtes Design hat jeden Test bestanden, aber es war ihr Gehirn in Form eines Raspberry Pi, das sie zu etwas Besonderem machte. Ein ein-zelner Pi verarbeitete den Input aus verschiedenen Sensoren und generierte angemessene Outputs, etwa Augen- oder Ohrbewegung, Lichter oder Geräusche.

Erica hat eigens für sie gebaute Leiterplatten mit Nashornsilhouette, was zeigt, wie viel Detailarbeit in dieses Projekt floss.

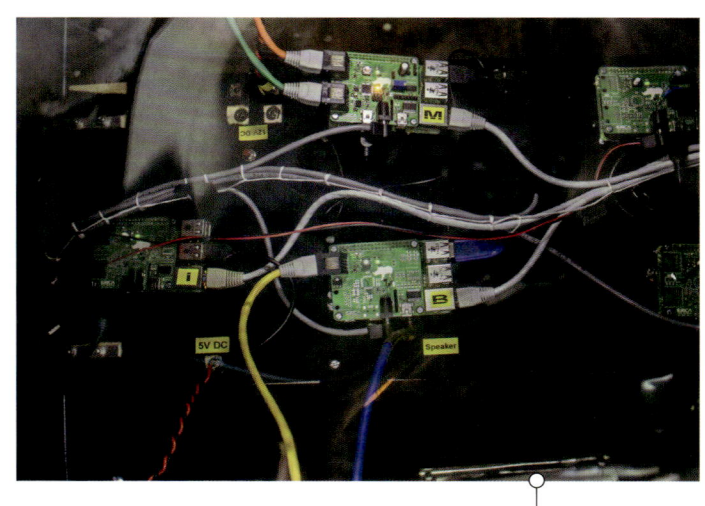

Insgesamt fünf Pis treiben Ericas verschiedene Funk-tionen an.

<205>

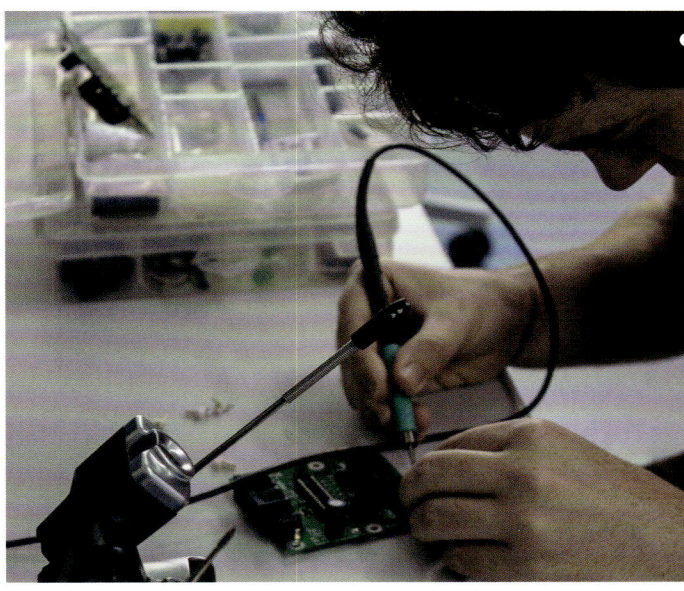

Verschiedene Fertigkeiten waren erforderlich, um Erica zu verwirklichen.

TIPPS

● Teste dein Projekt sorgfältig und stelle sicher, dass du viele Extrateile hast. Wenn möglich, mach aus diesen Bauteilen schon Ersatz, denn es geht immer etwas zur unpassendsten Zeit kaputt.

● Es lohnt sich oft, mehr für robuste und zuverlässige Bauteile auszugeben. Man kann ein System zwar schnell und billig auf die Beine stellen, braucht dann aber mehr Zeit für Debugging, Verbesserung und Pflege.

● GitHub ist eine tolle Quelle für Code, den du in Projekten einsetzen kannst.

Die Baumeister

Das Team hinter Erica, dem Cyber-Rhino bestand vor allem aus Angestellten und Studenten des Elektrotechnik- und Informatik-Lehrstuhls der hoch angesehenen Universität von Southampton, Großbritannien.

Um Erica umzusetzen, brauchte man mehr als nur Programmierer, sodass einige andere Uni-Leute mit an Bord kamen: Erica brauchte Unterstützung von Betriebswirten, einem IT-Team und die Dienste einiger traditioneller Künstler, die ihr einen auffallenden Look verliehen.

Das Ergebnis war ein Kernteam mit einem beeindruckenden Mix an Fertigkeiten, wodurch eine Reihe praktischer, kreativer und technologischer Erkenntnisse entstanden. Diese bunte Mischung ist entscheidend dafür, dass das interaktive Rhino so erfolgreich war, und beweist, wie mächtig Kollaborationen sein können.

Es ist nicht nur die Technik, die Erica so besonders macht. Es war genauso wichtig, sie im Cyber-Stil anzumalen.

Was macht man aus dieser Idee?

Ein Glasfasernashorn in Originalgröße ist vermutlich für die meisten nicht zu stemmen. Aber du kannst dich von diesem Projekt inspirieren lassen. Schau dir Ericas Funktionsweise genauer an und du findest unzählige Ideen, die du in eigene Pi-Kunst einbauen kannst — vielleicht in einen Teddybär oder in hohles Spielzeug.

< 207 >

Bau los!

Pi-Kamera

Viele Projekte mit dem Raspberry Pi nutzen ein Kameramodul. Dieses Anfängerprojekt zeigt, wie du eine Kamera anschließt, damit dein Pi Videos und Fotos aufnehmen kann.

DATEN

BAUMEISTER	Henry Budden
BAUZEIT	< 1 Stunde
BAUKOSTEN	etwa 20 €
SCHWIERIGKEIT	leicht

Das Projekt

Eine Pi-Kamera kann man in der Mittagspause bauen. Du brauchst dazu nur einen Raspberry Pi und ein Kamera-modul. Mit einfachen Erweite-rungen kannst du sie in eine Beobachtungskamera, eine Fotofalle für Tiere, ein Stop-Motion-Animations-Tool oder ein Sicherheitsgerät verwandeln.

Bevor du das angehst, musst du aber erst mal wissen, wie man die Kamera anschließt, die Software einrichtet und Bilder macht. Zum Glück ist alles einfach. Falls das dein erstes Projekt mit dem Raspberry Pi sein sollte, kriegst du das locker hin!

Der Baumeister

Technik hat Henry sein ganzes Leben lang fasziniert. Er hatte das Glück, einer der ersten zu sein, die 2012 bei seinem Erscheinen einen Raspberry Pi in die Finger bekamen.

Seither setzt Henry Pi-Projekte um, obwohl er nach eigener Aussage genauso oft etwas kaputtmacht wie er es fertig baut. Das ist aber alles Teil des Lernwegs, der zu tollen Projek-ten führt!

TIPPS

● Das offizielle Raspberry Pi-Kameramodul ist die perfekte Wahl für dieses Projekt und viele andere.

● Du kannst dieses Projekt mit einem Stativ ausbauen, das die Kamera hält.

Hol dir den Code:
quartoknows.com/page/raspberry-pi

<209>

ANLEITUNG

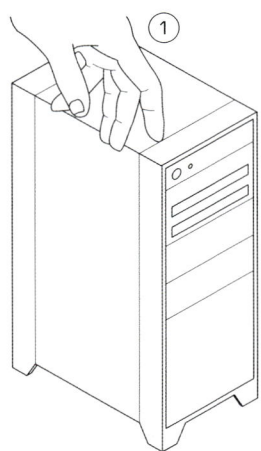

1. Erde dich

Wenn dein Raspberry Pi-Kameramodul ankommt, ist
es in einem antistatischen ESD-Beutel verpackt. Beim
Auspacken gibt es eine kleine Wahrscheinlichkeit, dass
die statische Ladung deines Körpers das neue Kameramodul beschädigen könnte. Darum erde dich, indem du
einen Heizkörper oder ein Computergehäuse aus Metall
berührst.

2. Schließe die Kamera an

Verbinde das lange Flachbandkabel, das aus dem Kameramodul kommt, mit dem Raspberry Pi. Du solltest erst
die richtige Buchse zwischen den HDMI- und Ethernet-
Anschlüssen des Pi suchen. Sorge dafür, dass die
glänzenden Stecker zum HDMI-Port ausgerichtet sind.

Sichere das Flachbandkabel, indem du die schwarze
Kunststoffverriegelung am Stecker hochziehst, das
Kabel einsteckst und dann die Verriegelung wieder
nach unten schiebst. Das Kabel sollte nun gut sitzen.

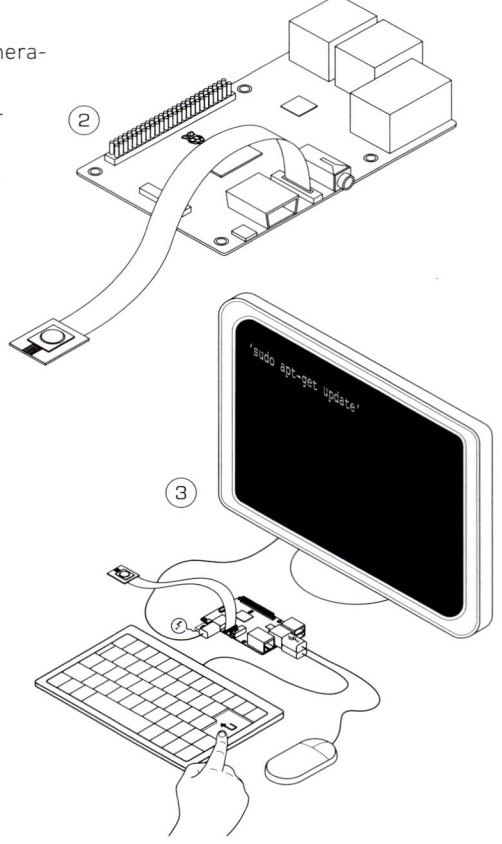

3. Aktiviere die Kamera

Öffne das Terminal des Pi und tippe:

```
sudo apt-get update
```

Drücke *Eingabe*, dann tippe:

```
sudo apt-get upgrade
```

Drücke wieder *Eingabe*.

Wähle im Dropdown-Menü in der Ecke oben rechts
auf dem Monitor *Preferences*, dann *Raspberry Pi
Configuration*. Im Fenster, das sich öffnet, wähle den
Interfaces-Reiter und setze einen Haken, sodass das
Camera-Setting aktiviert ist, bevor du *OK* klickst.

< 210 >

4. Starte deinen Pi neu

Wenn du die Settings veränderst, musst du deinen Pi neu starten. Sobald der Pi neu gestartet ist (oder wenn du in Schritt 3 nichts verändern musstest), öffne LXTerminal, um Fotos und Videos aufzunehmen.

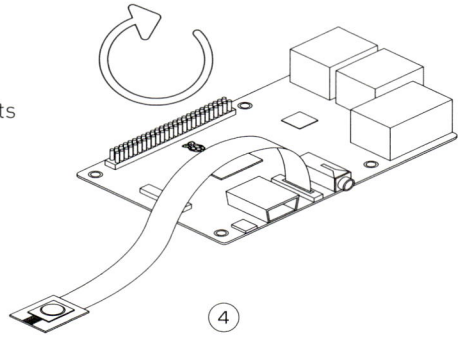

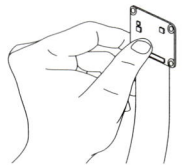

5. Mach ein Foto

Für ein Foto richte die Kamera auf das Objekt und tippe Folgendes in LXTerminal, wobei du ***** durch den Dateinamen ersetzt, den das Bild haben soll:

```
raspistill  -o *****.jpeg
```

Drücke *Eingabe* und auf dem Bildschirm erscheint kurz eine Vorschau, bevor die Kamera das Bild aufnimmt. Das Bild wird ins Home-Verzeichnis des Raspberry Pi gespeichert (es heißt standardmäßig »Pi«, wenn du es nicht änderst).

6. Video aufnehmen

Um ein kurzes Video aufzuzeichnen, gib Folgendes in LXTerminal ein:

```
raspivid -o *****.h264 -t 10000
```

Ersetze wieder ***** durch den Dateinamen deines Videos.

10000 am Ende der Zeile bezieht sich auf die Anzahl an aufgenommenen Millisekunden. Du kannst diesen Wert ändern, um unterschiedlich lange aufzuzeichnen. (Denke daran: 1000 Millisekunden entsprechen einer Sekunde.)

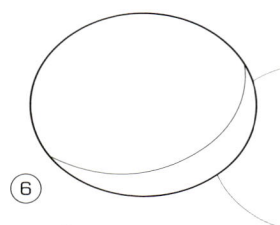

Die Hand bewegt die Kamera, um die Bewegung eines Objektes zu erfassen.

Drücke *Eingabe*. Der Videoclip fängt sofort an. Sobald die Aufnahme endet, wird sie in deinen Home-Ordner gespeichert.

< 211 >

Bau los! ➡ LEGO® Technic Gehäuse

Ein Gehäuse ist für viele Projekte notwendig. Statt eins zu kaufen, warum nicht selbst bauen?

MATERIALIEN

- ➔ Raspberry Pi (jedes Modell)
- ➔ LEGO Technic Elemente*:
- ➔ 36 x 2M Pin mit Reibung
- ➔ 11 x 1½ M Pin
- ➔ 7 x 1M Pin mit Gelenkkugel
- ➔ 8 x 1M Pin mit Pinloch
- ➔ 10 x 2M Kreuzachsen-Pin mit Reibung
- ➔ 22 x 3M Pin mit Reibung
- ➔ 4 x 2M Kreuzachse mit Verlängerung
- ➔ 1 x 3M Balken mit 4 Pins
- ➔ 2 x 1M Balken
- ➔ 1 x 2M Balken
- ➔ 2 x 2M Balken mit Kreuzloch
- ➔ 4 x 3M Balken
- ➔ 4 x 5M Balken
- ➔ 3 x 7M Balken
- ➔ 10 x 9M Balken
- ➔ 3 x 11M Balken
- ➔ 5 x 3 x 5M Winkelbalken (90°)
- ➔ 3 x 3 x 11M Platte

*Die LEGO Elemente, die du benötigst, hängen vom Entwurf deines Gehäuses ab.

DATEN

BAUMEISTER	Will Freeman
BAUZEIT	2 Stunden (mit Design)
BAUKOSTEN	etwa 12 €
SCHWIERIGKEIT	leicht

Das Projekt

Dieses Projekt lässt ein Gehäuse für den Raspberry Pi im LEGO Technic Stil entstehen. Das Gehäuse hält den Pi sicher, gewährt Zugang zu allen Anschlüssen und sorgt dafür, dass sich dein Minicomputer leicht mit anderen Bauteilen kombinieren lässt, ob du nun an einem LEGO Projekt arbeitest oder andere Teile befestigen musst.

Fast alle Teile wurden einem einzigen LEGO Set entnommen. Das Gehäuse entstand aus dem, was verfügbar war – es besteht die Wahrscheinlichkeit, dass du ein genauso tolles Gehäuse mit den LEGO Elementen bauen kannst, die du schon hast.

Der Baumeister

Will Freeman ist nicht nur einer der Autoren dieses Buches, sondern auch Games- und Technik-Journalist. Außerdem schreibt er für die Zeitschrift *Blocks* über LEGO Technic.

TIPPS

● Schau dir Bilder von kommerziellen Pi-Gehäusen an, um auf Ideen zu kommen. Hier kam die Inspiration vom »Schicht«-Design der beliebten Pibow-Gehäuse.

● Wenn du mit anderen LEGO Elementen improvisierst, fang von unten an und bau nach oben, sodass das Gehäuse rund um den Pi entsteht.

● Probiere die Kabel aus, die du nutzt. Manche USB-Kabel brauchen etwas mehr Platz, obwohl die Verbindung selbst immer dieselbe ist.

Hol dir den Code:
quartoknows.com/page/raspberry-pi

ANLEITUNG

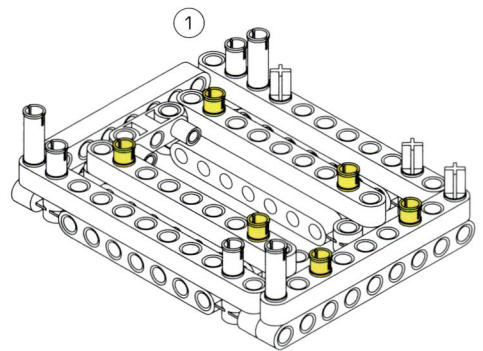

1. Bau die Basis

Bei diesem Design beginne mit dem Bau der Basis aus 3 x 11M-Platten. Füge einen Neun-Loch-Balken quer am Ende deiner fertigen Basis an und baue dann die »Basisstation«, die den Pi an Ort und Stelle hält (die kleinen Halb-Pins, die in der Illustration hervorgehoben sind, werden den Pi festhalten).

2. Füge deinen Pi ein

Stelle den Raspberry Pi hinein, während du weiter aufbaust. Lege Lücken fest, wo du Zugang zu den verschiedenen Anschlüssen brauchst.

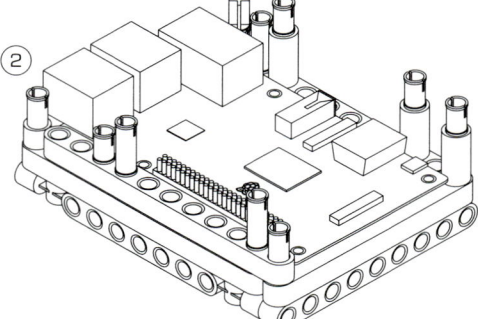

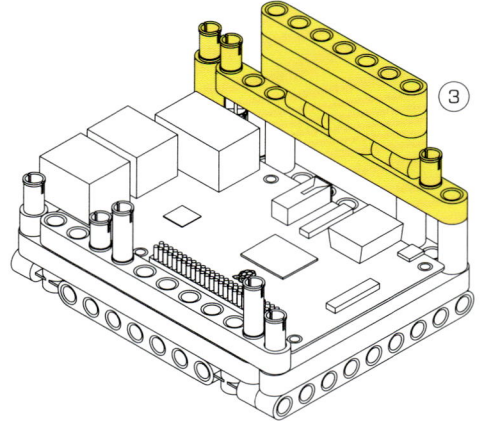

3. Füge die erste Seitenwand an

Baue nur eine Seitenwand des Gehäuses mit einem kleinen Klappdeckel. Es ist womöglich einfacher, den Deckel vorher zu bauen und dann erst hinzuzufügen.

4. Mache ein paar Klammern

Als Nächstes setze die Teile zusammen, die den Raspberry Pi im Gehäuse sichern werden. Für dieses Design haben wir die Elemente wie gezeigt verbunden: mit Halb-Pins, die oben auf der Platine des Raspberry Pi aufliegen, um sie festzuhalten.

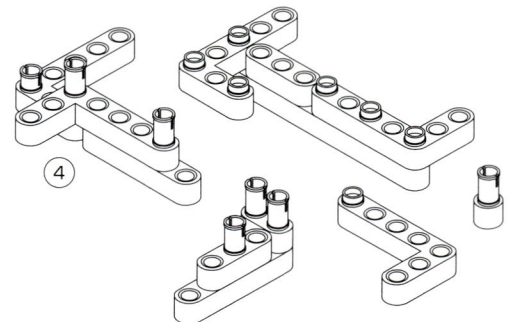

< 214 >

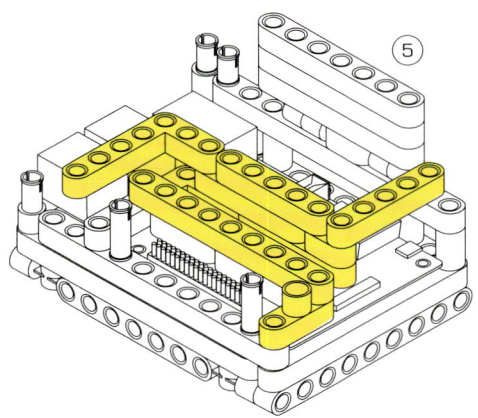

5. Befestige deinen Pi

Verbinde die vier Teile aus dem vorigen Schritt und befestige sie am Gehäuse oben über dem Raspberry Pi.

6. Füge die zweite Seitenwand an

Baue die zweite Seitenwand des Gehäuses und den zweiten Klappdeckel, der sich über die GPIO legt. Es ist auch hier wieder einfacher, diesen Teil zusammenzusetzen, bevor man ihn einbaut.

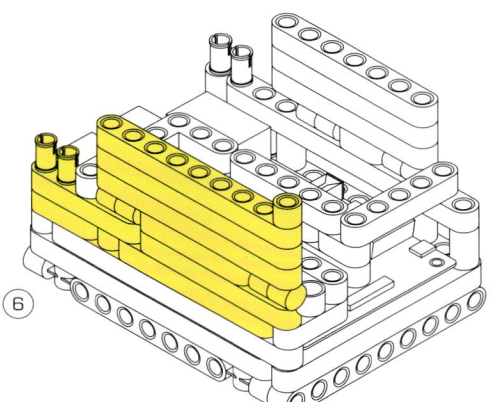

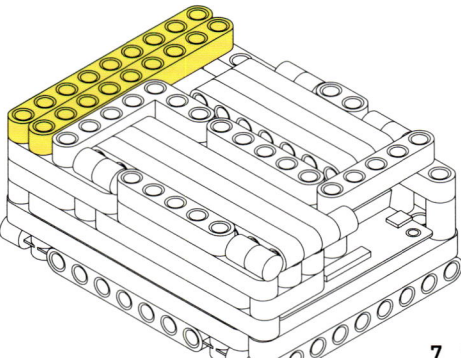

7. Schließe den Deckel

Am Schluss wird es einfach: Füge zwei Neun-Loch-Balken am Ende des Gehäuses an, klappe die beiden Deckel nach unten und du bist fertig!

< 215 >

QUELLENANGABEN

Verzeichnis der Mitwirkenden

Blinkende LED (Blinking LED)
Baumeister: Inderpreet Singh
Webseite: embeddedcode.wordpress.com

Ausschaltknopf (Shutdown Button)
Baumeister: Inderpreet Singh
Webseite: embeddedcode.wordpress.com

Pi-Fernglas (PiNoculars)
Baumeister: Josh Williams
Webseite: instructables.com/id/PiNoculars-Raspberry Pi-Binoculars

RoboCroc
Baumeister: Mark Norwood
Webseite: alternativepi.wordpress.com

Kamerapanzer (CamTank)
Baumeister: Chen Lu
Webseite: chenludesign.com

Raspberry Pi HAL 9000
Baumeister: Djordje Ungar
Webseite: instructables.com/id/RaspberryPI-HAL9000

Box-Bot
Baumeister: Will Freeman

PIK3A Retro-Spieltisch (PIK3A Retro Gaming Table)
Baumeister: Spanner Spencer
Webseite: element14.com/community/docs/ DOC-80946/l/pik3a-the-raspberry-pi-3-ikea-retrogaming-table

Micro-Arcade-Automat (Micro Arcade Cabinet)
Baumeister: Marco Tan
Webseite: instructables.com/member/diygizmo

Tragbare Spielkonsole unter 20 € ($ 20 Portable Games Console)
Baumeister: Tyler Spadgenske
Webseite: instructables.com/id/20-Portable-Raspberry-Pi-Game-Console

Meccano-Würfelschrein (Meccano Rubik's Shrine)
Baumeister: Wilbert Swinkels & Maxim Tsoy
Webseite: meccanokinematics.net

Retro Games Station
Baumeister: Will Freeman

Robuster Minecraft®-Server (Robust Minecraft® Server)
Baumeister: Daniel Lemire
Webseite: lemire.me/blog

Batinator
Baumeister: Martin Mander
Webseite: instructables.com/id/The-Raspberry-Pi-Batinator

Bodenkamera (SoilCam)
Baumeister: Josh Williams
Webseite: soilcam.blogspot.com

GroveWeatherPi
Baumeister: John C. Shovic
Webseite: switchdoc.com

Astro Pi
Baumeister: Verschiedene
Webseite: astro-pi.org

Taschen-Cluster (PocketCluster)
Baumeister: Sung-Taek Kim
Webseite: blog.pocketcluster.io

Sensor-Station
Baumeister: Craig Hissett

Movie Player
Baumeister: Craig Hissett
Webseite: hackaday.io/project/5700-pi-video-player

Klick & Klimper: Smarte Spardose (Clickity-Clank: Smart Piggy Bank)
Baumeister: Roberto Pigliacelli
Webseite: instructables.com/id/Clickity-Clank-Your-smart-piggy-bank

Internet-Anzeiger (Internet Monitor)
Baumeister: Bruce Hillsberg
Webseite: instructables.com/member/talk2bruce

Internet-Radio
Baumeister: Martin Mander
Webseite: instructables.com/id/1979-Bang-Olufsen-Raspberry-Pi-Internet-Radio

Kaffeeröster (Coffee Roaster)
Baumeister: Mark Sanders
Webseite: coffeehacks.blogspot.com

< 218 >

Cyberdeck
Baumeister: Jason Benson
Webseite: d10d3.net

Tytelli Smartphone
Baumeister: Tyler Spadgenske
Webseite: instructables.com/id/Build-Your-Own-Smartphone

Media Center
Baumeister: Martin Mander
Webseite: instructables.com/id/1981-Portable-VCR-Raspberry-Pi-Media-Centre

Lunchbox-Laptop
Baumeister: Jason Benson
Webseite: d10d3.net

Joghurtmaschine (Yogurt Maker)
Baumeister: Sebastian Schneckener
Webseite: instructables.com/id/Yoghurt-at-Home-Maker-Controlled-by-a-Raspberry-Fa

Das Internet des LEGO® (The Internet Of LEGO®)
Baumeister: Cory Guynn
Webseite: InternetOfLEGO.com

3-D-Scanner
Baumeister: Richard Garsthagen
Webseite: pi3dscan.com

BeetBox
Baumeister: Scott Garner
Webseite: scottmadethis.net/interactive/beetbox

Erica, das Cyber-Rhino (Erica The Cyber Rhino)
Baumeister: verschiedene
Webseite: ericatherhino.org

Pi-Kamera (Pi Camera)
Baumeister: Henry Budden
Webseite: raspberrypitutorials.yolasite.com

LEGO® Technic Gehäuse
Baumeister: Will Freeman

Bildnachweis

o = oben, u = unten, l = links, r = rechts, m = Mitte.

Alle Illustrationen von **Dario Merlo**

Alamy: Sine Chesterman 17u

Per Florian Appelgren: 176–177

Jason Benson: 158–161

Scott Garner: 26, 198–201

Richard Garsthagen: 192–197

Chris Gatcum: 19 ml, 19ul, 19ur, 32, 34, 40–41, 86–89, 96

iStock: robtek 18 (Pi Model B), 159; janulla 19or; wabeno 33

Peter Jonges: 90–95

Chen Lu: 58–63

Martin Mander: 106–109, 148–151, 166–171

Mark Sanders: 152–157

Shutterstock: prajit48 27; Oberon 37

Raspberry Pi Foundation: 18 (außer Pi Model B), 20–21, 24, 28–31, 35–36, 120–125, 131

Rob Stanley: 9, 17, 22–23, 25, 38, 44–45, 50–57, 64–69, 76–81, 97, 100–101, 110–119, 126–130, 136–147, 162–164, 172–173, 184–191, 208–209, 212–213, 224

Marco Tan: 82–85

Caroline Tracey: 202–207

< 219 >

Glossar

Arduino
Ein Arduino ist einer von etlichen kleinen Micro-controller-Platinen, die man zum Bau von Gadgets und Geräten nutzen kann. Raspberry Pis und Arduinos werden oft zusammen in Projekten verwendet.

Befehlsbibliothek
Eine Software-Befehlsbibliothek ist eine Ressourcen-sammlung, die bestimmte Apps und Programme nutzen. Diese Bibliotheken enthalten Daten und vorgefertigten Code. Manchmal musst du Bibliotheken herunterladen, um etwas zum Funktionieren zu bringen.

Betriebssystem
Über ein Betriebssystem interagieren Anwender mit dem Computer, da es ihnen Werkzeuge wie Startbild-schirm oder Cursor liefert. Es kann auch Software wie einen Audio Player enthalten und verbindet Anwendun-gen mit der Hardware des Computers.

C
C ist eine Programmiersprache, die vor über 40 Jahren erfunden wurde. Trotz ihres Alters ist diese Universal-sprache noch immer sehr effektiv und auf allen neu aufgesetzten Raspberry Pis installiert.

C++
C++ ist eine gebräuchliche Universal-Programmier-sprache, die von C (oben) beeinflusst wurde. Sie ist standardmäßig auf dem Pi installiert.

Code
Code ist eine Schriftsprache, die ein Computer ver-steht. Man steuert damit Computer, ändert ihr Verhal-ten, schreibt Software und vieles mehr.

Distro
Eine Distro (kurz für »distribution«) ist eine spezielle Variante des Betriebssystems Linux. Das Raspbian-Betriebssystem ist z. B. eine Distro von Debian, das wiederum auf Linux basiert.

Eingebettete Technologie
Eingebettete Technologie bezieht sich meist auf Objekte, in denen ein technisches Element steckt. Oft ist das Element nicht gleich ersichtlich, wenn man das Objekt nicht zerlegt. »Eingebettete Systeme« dagegen sind Computersysteme in Geräten, z. B. auch in mechani-schen Systemen.

Ethernet
Ethernet vereint Technologien, die zusammen mehrere Computer zu einem lokalen Netzwerk oder »LAN« (local area network) zusammen-schließen.

GPIO
Der GPIO (General Purpose Input Output) ist der Teil des Raspberry Pi, an den du Bauteile, Geräte und Drähte anschließen kannst. Er kann aus Reihen von programmierbaren Pins bestehen, die herausragen (wie beim Pi 3) oder er kann »unbestückt« sein (wie beim Pi Zero).

GPU
Die GPU (Graphics Processing Unit), der Grafikprozes-sor, ist der Teil eines Computers, der Bilder darstellt. GPUs werden auch manchmal als VPUs bezeichnet (Visual Processing Units).

HDMI
HDMI (High-Definition Multimedia Interface) ist eine Audio-/Video-Schnittstelle, um HD-Sound und -Bild zwischen Geräten zu übertragen. Du hast vielleicht mit einem HDMI-Kabel eine HDMI-Spielkonsole und einen HDMI-Fernseher über ihre HDMI-Ports verbunden. Der Raspberry Pi hat einen HDMI-Ausgang.

I2C Bus
Kurz für Inter-Integrated Circuit. Ein I2C Bus (auch IIC, I^2C oder Inter C Bus) sorgt dafür, dass Bauteile auf einer Leiterplatte untereinander kommunizieren. »Bus« meint hier ein System, um Daten zwischen Bauteilen zu übertragen.

Internet der Dinge
Das Internet der Dinge (oder IoT) verbindet Millionen Geräte über das Internet und lässt sie Informationen austauschen.

IP-Adresse
Kurz für »Internet Protocol Address«. Sie identifiziert einzelne Computer, wenn sie sich mit dem Internet verbinden. Sie lässt das Internet auch wissen, wo sich dein Raspberry Pi ungefähr befindet.

Java
Wie Python ist Java eine beliebte Programmiersprache für den Pi und ist standardmäßig installiert.

<220>

LCD
Ein LCD (Liquid-Crystal Display) ist ein Typ Flachbild-schirm. LCD-Monitore gibt es klein und günstig, daher sind sie bei Raspberry Pi-Bastlern sehr beliebt.

Linux
Linux ist ein Computer-Betriebssystem. Das Raspbian-Betriebssystem auf dem Raspberry Pi basiert auf einer Version von Linux.

NOOBS
NOOBS (New Out Of Box Software) ist die von der Raspberry Pi Foundation empfohlene Methode, alles zu installieren, was man am Anfang für einen neuen Pi braucht. NOOBS ist also ein Installer für ein Betriebssystem.

Maker
Jemand, der gerne bastelt und eigene Technik baut, oft als Amateur. Maker improvisieren typischerweise gern, sind Autodidakten und nutzen günstige, alltägliche Bauteile.

PCB
Ein PCB (Printed Circuit Board) wird häufig als »Leiter-platte« bezeichnet. Sie ist voller Chips und anderer elektronischer Bauteile und bildet oft die Basis von elektronischen Geräten, wie auch dem Raspberry Pi.

Raspberry Pi Foundation
Die Raspberry Pi Foundation entwickelte und entwarf den Raspberry Pi. Die Stiftung kümmert sich auch darum, digitales Basteln und Erfinden auf der ganzen Welt voranzutreiben. Sie stellt kostenlose Materialien zur Verfügung, die dir zeigen, wie du das Tollste aus deinem Pi herausholst.

Raspbian
Raspbian ist das Standard-Betriebssystem des Raspberry Pi. Du solltest ihm begegnen, wenn du zum ersten Mal einen Pi benutzt.

Ruby
Ruby, erfunden 1995 in Japan, ist eine von vielen Programmiersprachen, die auf einem neuen Pi vor-installiert sind.

Scratch
Scratch ist eine Programmiersprache, die sich beson-ders für jüngere und unerfahrene Programmierer eignet. Sie ist auf jedem Raspberry Pi.

SOC
Ein SOC (System on a Chip) kombiniert alle Bauteile, die einen Computer oder ein vergleichbares Gerät ergeben, auf nur einem Chip. Im Herzen des Raspberry Pi befindet sich ein SOC.

Terminal
Ein Terminal ist ein Werkzeug, um einen Computer durch Texteingabe zu steuern. Es ist so etwas wie eine Alternative zu Tastatur und Maus. Manchmal nennt man es »Befehlszeile«. Das Standardterminal des Raspberry Pi ist LXTerminal.

USB
USB (Universal Serial Bus) bezieht sich auf weitver-breitete Kabel und Verbindungen. USB kann man mit allen möglichen Geräten verbinden. Raspberry Pis haben eigene USB-Anschlüsse. Wie viele und welche hängt von deinem Modell ab.

VNC
Über VNC (Virtual Network Computing) kontrolliert ein Computer einen anderen. IT-Abteilungen nutzen es häufig, um aus der Ferne Probleme auf anderen Computern zu lösen, etwa um Software zu installieren oder Fehler zu suchen.

Widerstand
Ein gebräuchliches Elektronik-Bauteil, das oft verwen-det wird, um den elektrischen Strom zu begrenzen.

< 221 >

Register

3-D-Grafik 29
3-D-Druck 59–61, 83, 88–89, 121, 163, 194–197
3-D-Scanner 192–197

A
Abschaltknopf 44–47
Adafruit 51, 89, 149–150
Akku 174–175
AlexaPhone 151
Arcade-Automat 82–85
Arduino 142, 167, 185–188, 199–201, 220
Astro-Pi 21, 120–125
Audio-Buchse 29
Aufhängung 61

B
Bash 141
Basis, Acryl 32
Batinator 106–109
BattleBots 55
BBC Micro Computer 16, 17
BeetBox 26, 198–201
Befehlsbibliothek 220
Befehlszeile 39
Benson, Jason 161, 173
Beschleunigungsmesser 21, 122
Beschriftung 188
Betriebssystem 25–26, 221
    Installation 33, 34
Blinkende LED 27, 40–43
Bodenhaftung, verbessern 69
Bodenkamera 52, 110–113
Box-Bot 68–73
Braben, David 16
Budden, Henry 209
Burgess, Phillip 51
Bluetooth 18, 29, 65–67

C
C (Sprache) 38, 220
C++ (Sprache) 38, 156, 220
Cambridge Raspberry Jam 70
CamJam Edukit 3 55, 57, 69
Chen Lu 62
CNC-Maschine 197
Code 24, 220
CPU 28, 29
Cyberdeck 158–161

D
DAC 150
Debian 26, 167
Digitaler Assistent 64–67
Diode 23
Display-Anschluss 30
Distro 220
Django 156
Drag and drop 26
Drahtbrücken 22

E
Eingebettete Technologie 220
element14 80
EmulationStation 99
Emulator 97
Erica, das Cyber-Rhino 202–207
Ethernet 28, 29, 31, 35, 220

F
FAC-System 93
Farberkennung 91–93
Farbkodierung 27, 79
FAT32 99
Flussmittel 23
Freeman, Will 69, 97, 213
Funksteuerung 69

G
Games Station 96–101
Garner, Scott 201
Garsthagen, Richard 196
Gehäuse 20, 32, 123
    3-D-Druck 88–89
    LEGO® Technic 212–215
GitHub 207
GND 42
GPIO 24, 29, 42, 46, 187–188, 220
    anschließen 157
    Belegungsdiagramm 108
    Code zum Ansprechen 55
    GND-Anschluss 42
    Kopf 24, 28, 30
    testen 108
    unbestückt 24, 28
GPU 220
Greiferausrichtung 92, 94
Grove-System 116, 187
GrovePi+ 141
GroveWeatherPi 114–119
Guynn, Cory 189
Gyroskop 21, 122

H
H-Brücke 143
HAL 9000 64–67
Halbleiter-Relais (SSR) 154, 179
HDMI 220
    Kabel 19, 34
    HDMI zu VGA-Adapter 34
    Port 28, 29, 30
Heck, Ben 89
Heißkleber 108
»Hello World«-Programm 41–43
Hillsberg, Bruce 146
Hissett, Craig 131, 138
Honess, David 124

I
I2C Bus 220
IDLE 38
ImageMagick 111
Infrarot(IR)-Kamera 21, 106–109, 121–123
Internationale Raumstation 121, 125
Internet der Dinge (IoT) 25, 184–191, 220
Internet des LEGO® 25, 184–191
Internet-Anzeiger 35, 144–147
Internet-Radio 108, 148–151
Internet-Verbindung 35–36
IP-Adresse 220
IP-Protokoll 194

J
Jasper 65–66
Java 38, 127, 187, 220
Jessie 56, 167
Joghurtmaschine 27, 176–181
JohnnyFive 187
Joystick 21, 78, 83–84, 122

K
Kaffeeröster 152–157
Kameramodul 20, 34, 121, 122
    3-D-Scanner 192–197
    Batinator 106–109
    Kamera-Anschluss 31
    Pi-Fernglas 50–53
    Pi-Kamera 208–211
    Pi NoIR 21, 106–109, 121–123
    Würfelschrein 91
    Webcam 60

K
Kamerapanzer 58–63
KenT2 137
Kim, Sung-Taek 129
Kivy 92
Kociemba-Algorithmus 91

L
Lang, Jack 16
Lasercutter 147
Lautsprecher 65–67, 85, 204
LCD-Monitor 148–151, 220
Leafpad-Editor 43, 47
LED 23, 27, 40–43
    Matrix 124, 131, 185
LEGO® 93, 140–143, 184–191
    Minecraft® EV3 Creeper Roboter 52
    Technic-Gehäuse 212–215
Leiterplatte (PCB) 221
Lindblom, Jim 199
Linux 26, 28, 111, 156, 167, 221
    Distro 220
    Etcher 98
Lomas, Pete 16
Löt-Ausrüstung 23
Lunchbox-Laptop 38, 172–175
LXTerminal 39

M
Magnetometer 21, 122
Maker 25, 60, 118, 171, 221
Makerspaces 52
Makey Makey Board 201
Mander, Martin 108, 151, 170–171
MapReduce 127
Masse 119
Maus 19, 34
Meccano 90–95, 149, 151
Media Center 166–171
Messen 53
Messschieber 53
Micro-SD-Kartensteckplatz 30
Microsoft Visual Basic 142
Minecraft® Server 100–102
Modulare Systeme 93
Monitor 19
    anschließen 34
    Touch-Display 21
Movie Player 136–139
MPR121 199–201
MQTT 187
Mullins, Robert 16

<222>

Multicasting 194
Multimeter 23
Multiplikator 27
Mycroft, Alan 16

N
Nachtsicht 21, 106–109
Nano-Editor 71, 180
Netzteil 30, 34, 139
   Solarkraft 114–119
Nintendo Gameboy 88
NO/NC-Relais 142
Node-RED 186–188
NodeMCU ESP8266 187
NOOBS 33–35, 221
Norwood, Mark 56–57
NTFS 99

O
Online-Community 57, 60
OSMC 167

P
Passwort (Key) 35, 43
Pi-Fernglas 50–53
Pigliacelli, Roberto 142
PiGrrl 89
Pi-Kamera 208–211
PIK3A Retro-Spieltisch 76–81
Pin 7 42
Potentiometer 94
Programmieren 37–39, 57
Programmiersprachen 16, 24,
   26, 37, 38
Prototypen 45, 53
Python 26, 38, 55, 127, 131, 137,
   141, 145–147, 155, 156, 163,
   181, 194
   IDLE 38

Q
QR-Codes 204

R
RabbitPi 151
Räder, programmieren 71–73
Radio 108, 148–151
RAM 28, 29
Raspberry Pi Foundation 57,
   221
Raspberry Pi-Modelle 17–18,
   28–31
Raspberry Pi-Name 17

Raspberry Pi Tragbare Spiel-
   konsole 89
Raspbian 25, 26, 159, 181, 221
   GUI-Overlay163
   Installation 34
   Upgrades 36
Raspbmc 167–171
raspi-config 34
RetroPie 77, 87, 98–99
RGB 150, 204
RoboCroc 54–57
ROMs 77, 81, 96–97, 99
Ruby 38, 221

S
Sanders, Mark 156
SANE 113
Scala 127
Scanner 110–113
Schneckener, Sebastian 177
Schrittmotor 91–95
Schrittmotortreiber 91–95
Scratch 26, 38, 55, 221
SD-Karte 19, 98–99
Sense HAT 21, 121–125,
   130–133
Sensor-Station 21, 130–133
Sensoren 21, 122, 130–133,
   178–181, 185–187, 199–201,
   204
Shovic, Dr. John C. 118
Singh, Inderpreet 41, 45
Smartphone 62, 88, 162–165
SNES-Konsole 88
SOC 221
Software 16
   NOOBS 33–35
   testen 85
Solarkraft 114–119
Spadgenske, Tyler 88, 165
Spannung 23, 119
Spannungswandler 174–175
Spardose 140–143
Speicherkarte 19, 28–30
   NOOBS installieren 33, 34
Spencer, Spanner 80
Spielesoftware 77, 87, 98–99
Spielkonsole 86–89
Spieltisch 76–81
Sprachsteuerung 65–67
Startup 47
Steckplatine 22, 42, 181
Strom, Messung 23

Stromanschluss 28
Stromverbrauch 18
Sugru 149
Super Nintendo 97
Supercomputer 126–129
Swinkels, Wilbert 93
SwitchDoc Labs 116

T
Tan, Marco 84
TaschenCluster 126–129
Tastatur 19, 34
tboplayer 137
Technic-Gehäuse 38
Temperatursteuerung 153–157,
   177–181
Terminal 39, 221
Testen 85, 108, 119, 163, 181
Thermoelement 153–157
ThingSpeak 185, 187
Toleranz 27
Tornado Library 132
Touchscreen 21
   Pi-Fernglas 50–53
   Movie Player 137–139
   Tytelli Smartphone 162–165
   Würfelschrein 92
Trimmpotentiometer 94
Tsoy, Maxim 93
Tytelli Smartphone 88, 162–165

U
UDP-Protokoll 194
Ungar, Djordje 67
Upgraden 45
Upton, Eben 16
USB 221
   Adapter 30
   Anschlüsse 28, 29, 31, 34
   Kabel 19
   Stick 97, 99
   WLAN-Stick 20
UX (User Experience) 62

V
VGA-Kabel 34
Verstärker 199
Video 20
   Buchse 29, 31
   Multimediabrille
     159–161
   Zeitraffer 110–113
VNC 221

W
WeatherPi 114–119
Webcam 60, 204
Wechselstromrelais 153–157
WeMos D1 187
Werkzeuge 22–23
Widerstand 23, 27, 42, 221
Widerstandswert, messen
   23, 27
Williams, Josh 52, 113
WLAN 18, 28, 35, 65, 131
   Verbindung 35
   Stick 20, 35
Würfelschrein 90–95

Z
Zeitraffervideo 110–113
Zip-Datei 33
Zubehör 19–21

<223>

Über die Autoren

Kirsten Kearney ist seit über zehn Jahren Technik- und Gamesjournalistin. Ihre Laufbahn begann in der Forschung und bei der BBC. Inzwischen schreibt sie Rezensionen, Kolumnen und Artikel für viele digitale Unterhaltungsmagazine und Webseiten in Großbritannien. Von ihr sind auch die Minecraft®-Bestseller *Superstädte leicht gebaut und Meisterwerke bauen in Minecraft*.

Will Freeman ist freischaffender Gamesjournalist, der bei großen Zeitungen, Spielemagazinen und Webseiten schreibt und in Publikationen für Spielehersteller veröffentlicht. Er arbeitet auch als Forscher, Eventveranstalter, Skript-Editor, Juror bei Preisverleihungen, Sprecher und Berater für die Spieleindustrie. Will ist Arcade-Fan und schreibt oft über VR, Brettspiele und LEGO®.

Dank

Die Autoren möchten allen Mitwirkenden danken, der Raspberry Pi Foundation und der Maker-Community rund um die Welt.

Kirsten dankt auch Max Kearney (Siehst du? Hab doch gesagt, dass ich das kann!), Brian Reid, weil er immer für sie da war, und Laura MacAllister fürs Zuhören.

Will dankt seiner Frau Keira für ihre Unterstützung und dafür, dass sie lange Nächte des Schreibens und Bastelns überstanden hat, seiner Mutter Sue, weil sie ihn ermutigte, das Schreiben beruflich zu verfolgen, sowie seinem Freund und Mentor Ronnie.

<224>